A VERY SHORT INTRODUCTION

哲学がわかる

形而上学

スティーヴン・マンフォード STEPHEN MUMFORD
秋葉剛史　北村直彰 訳

岩波書店

METAPHYSICS

METAPHYSICS: A Very Short Introduction
by Stephen Mumford

First published 2012 by Oxford University Press, Oxford.

This Japanese edition published 2017
by Iwanami Shoten, Publishers, Tokyo
by arrangement with Oxford University Press, Oxford.

はじめに
入門書とはなにか

形而上学は、倫理学、論理学、認識論と並ぶ、哲学の伝統的な主要四部門の一つである。遠い昔に生まれた学問だが、形而上学は今なお私たちの好奇心をかきたて続けている。形而上学とはなにかについてごく基本的なことはわかっているけれども、もっと多くのことを知りたい——そう願っている人は少なくない。形而上学は、そのようなたくさんの人々を惹きつけている。

形而上学と聞いて、神話的なもの・宗教的なものを連想する人もいる。形而上学のことを知ったのは、愛やスピリチュアルなものについて語った形而上詩人を通じてだという人もいる。本書が目指すのは、哲学者が形而上学をどのように理解し、実践しているかを初学者に紹介することである。形而上学の入門書の多くは、形而上学とはなにか、いかにして形而上学的真理を知りうるのか、ということについての考察から始まっている。しかし、こうした問いはそれ自体、取り組むのがもっとも困難な、そしてもっとも激しく論争される問いの一つであるため、読者がすぐに行き詰まって興味を失ってしまう可能性がある。そういうわけで、本書はそうした入門書とは逆の向きで書かれている。形而上学とはなにか、いかにして形而上学は正当化されるのか、という問いは最後に残しておく。[*1] 一つの営みを理解しようとするときには、それについて理論的に考えるよりも、実際にそれをやってみるのが一番の近道であることが多い。そうであるとすれば私たちも、まずは形而上学を実際にいくらか実践してみることにしよう。本書は、一見したところ単純で些細な問いをいくつか考えてみることから始まる。それらの問いは、見かけとは裏腹に、実在がもつ根本的な特性に関わっている。*2

本書では、専門的な概念や用語をあまり多く使わないような仕方で、さまざまな問題を考察していくつもりだ。この本を読み終える頃には、実体、性質、変化、原因、可能性、時間、人の同一性、無、創発をめぐる問題がどのようなものであるかをおおよそ理解できているはずである。本書が、哲学書の多くに――とりわけ形而上学の本に――見られるようなやり方で読者をおじけづかせてしまうことがないように、と願っている。

形而上学に属する考えや概念や問いは、多くの場合、単純なものに――ときに子どもじみたものにさえ――聞こえる。物体とはなにか。色や形はなんらかの仕方で存在しているのか。二つのことがただ連なって起こるだけでなく一方が他方を引き起こす、とはどういうことか。可能性とはなにか。時間は過ぎ去るのか。不在、穴、欠如、無は、ある種の存在物だと言ってよいのか。これらの問いはばかげたものだと感じる人もいる。その一方で、哲学にとって真に重要なことがらの中核をなすのはこうした問いであると考える人もいる。そして、そのように捉える人がよく感じるのは、これらの問いが提起する問題こそ、人間の考えうるもっとも根本的で深遠なことがらだということである。形而上学という学問が他のあらゆる学問と比べて際立っている点は、驚きの念を私たちに抱かせる、ということにある。そのため、形而上学をすることこそ私たちの時間の使い方のうちでもっとも価値のあるものだと考える人もいる。

読者のなかには、ここまでを読んで早くも形而上学に対する想像力と好奇心が刺激されている人がいるかもしれない。もしそうであるなら、この世界の形而上学的な成り立ちをめぐる本書の小さな旅を、私たちは今すぐに始めるべきだ。しかし、どこから始めればよいのだろう。実のところ、その答えを知っている哲学者はいない。一つの問題を理解するためには、まず、ある別の問題を理解する必要がある。だが、その二つめの問題についても同じことを言わなければならない。つまり、その問題を理解するためには、三つめとなる別の問題を理解する必要があり、以下同様である。そして、どこから出発したとしてもこのことは変わらないように思われる。世界についての理解は、ことがらの全体を把握することによって初めて得られることがある。そのため、哲学の問題をすっきりと一列に並べて説明するのは難しい。しかし当然のことながら、本というものはそれをやってみなければならない。そういうわけで、本書の出発地点は、ある程度は自由に決めてよいということになる。

＊1　哲学的議論の文脈において、あるものごとを「正当化(justify)する」とは、それが実際に正しいこと・理にかなったものであることを示す、それに適切な根拠をあたえる、ということである。したがって、「自分の過ちを正当化する」「侵略を正当化する」といった日本語の用例にみられるような「(実際はどうあれ)それが正当であるように見せる」という含みはない。

＊2　形而上学の議論において、「実在」という名詞はしばしば「実在世界」と交換可能な仕方で用いられ

る。また「実在的」という表現は、あるものがそうした世界の一部になっている、といったことを意味する。

目次

＊原書の図は本文を読むうえで必要なもの以外は割愛し、索引は新たに訳者（北村）が作成した。注は訳注である。

第1章　机とはなにか

周りの世界を見てみる。すると、自分がいろいろなものに囲まれているのがわかる。机一台と椅子二脚があり、建物、飛行機、クリップ一箱、ペンがあって、犬、人がいる。その他にも実にさまざまなものが見える。だが、本書の主題は形而上学だ。形而上学においては、きわめて一般的な言葉で捉えられたかぎりでの、ものごとのあり方が関心の的となる。私は形而上学者として、次のように言いたくなる——今しがた挙げたものはすべて、個別的なもの、もしくは個別的なものの集団・種である。個別者の概念は、私たちにとってたいへん重要なものだ。たとえば私は、この机の上にあるこのペンが、他のだれかのペンではなくまさに私の所有する特定の個物であるかどうかと自問したり、この部屋にいるあの女性が、妻の一卵性の双子の妹ではなくまさに私の妻本人であるかどうかを知りたいと思ったりする。個別者が提起する問題の重要性を理解するためには、それらをもっと詳しく調べてみなければならない。

私の前に机が一つある。私はそれを見ることができ、触ることができる。げんこつで叩けば、それが発する音を聞くこともできる。それ——つまりその机——が存在するということを、私はまったく疑っていない。だがここで、哲学的な問いかけを始めてみよう。ここにあるものはいったいなんなのだろうか。それが存在するということのうちにはなにが含まれているのだろうか。問題の机は、経験を通じて私に知られるものなのだろうか。あるいはむしろ、感覚経験が私に知らせるのはなにか別のものの存在なのだろうか。結局のところ、机を見るときに私に見えるのは、その色、つまり木の茶色に他ならず、机に触るときに私に感じられるのは、その硬さに他ならない。茶色さ、硬さ、四つ脚性〔すなわち、四つの脚をもつということ〕などなど、これらは机の質ないし性質である。それゆえひとは、私が知っているのは机そのものではなく、その性質だけだ、と言いたくなるかもしれない。しかしこのことは、机そのものは諸々の性質の背後にひそんでいるなにか――それについて私がなにも知らないようななにか――である、ということを意味するようにみえる。つまり、机は諸々の性質に覆い隠されていて、それらから剝がしてむき出しにして見ることはできないように思われるのである。

机についてあてはまることは、他の個別的なものについてもあてはまる。机を例として選んだことになにか特別な理由があったわけではない。硬貨、自動車、本、猫、木などの場合も、これらがもっている質を知ることを通じてしか、私はこれらのもののことを知らないのである。たとえば、私に見えるのはそれらの形、それらの色であり、私に感じられるのはそれらの手ざわり、それらの匂いである、といった具合だ。ものが備えるこうした性質――赤さ、丸さ、硬さ、臭さなど――はどのようなあり方をしているのか。それは次章の主題である。だが実のところ、性質の結びつく相手である個別者について話をすればすぐに、性質に言及するのが避けられなくなるのである。

変われど変われど同じまま

さて、この机は、私が目の前で確認できるその茶色さ、硬さ、四つ脚性とは異なるものである。私は暗にそう言おうとしていたのだが、それはなぜか。一つの理由は、こんな想像ができるということだ——机は今までと同じ個別者であり続けるが、その一方で、机のもつさまざまな性質が移り変わっていく。たとえば、白いほうが私の研究室の内装に合うから、という理由でその机を白く塗ることができるだろう。そうしたとしても、机はなおも同一の机であり、ただその見かけに変化があっただけである。なにかが変わったことにはなるのだが、しかしその一方で、同じであり続けるものがある。

哲学においては、同じ机であるということについてのおおざっぱな語り方によって、さまざまな種類の混乱が生じる危険があることが知られている。そこで、一つの重要な区別が用いられる。「あるものは**数的に**同じであり続けているが、**質的に**変化した」という言い方をすることができるのだ。たとえばこの机は、その質が変わる——以前は茶色で今は白い——ことがあるけれども、同一のものであり続ける。かつて茶色かった机は、今は白い机なのである。客人が私の部屋に入って、前にあった茶色い机はどうなったのか、と尋ねたとしよう。それはまだここにある、と答えることに問題はまったくない。私が塗装したせいでその机だとわからなかっただけ、ということである。性質に関するこのような変化にもかかわらず同じ一つのものであるということ、それが「数的同一性」という言葉で意味されることである(変化という主題は第4章でより詳しく探究する)。*1

この考察こそ、「机そのものはそれがもつ性質と同じではありえない」と私が考える理由に他ならない。机がもつ性質は、少なくとも部分的には、時によって変化するだろう。しかしそれでも、その机は同じ机のままである。そういうわけで、机を見てその性質を感覚するとき、私が実際に観察しているのはただそれ——つまり机の性質——だけであって、机そのものではないということになる。しかし机は、その性質ではないとすればいったいなんなのだろうか。

一つの提案はこうだ——机は、さまざまな性質の背後にあってそれらすべてを一箇所にまとめているものである。それは見ることも触ることもできない。私が経験するのは、ものの性質だけだからである。しかし、それがそこにあるということは、理屈を考えてみればわかる。たとえば、部屋のなかで机を動かすと、机の性質もすべて一緒に動く。机の性質は、基本的には一つにまとまっている。机の茶色さと硬さが移動しても場合によっては四つ脚性がもとの場所に残る、などということはない。ただしこれらの性質のまとまりは、あくまでも基本的にはという性格のものであることに注意しよう。先ほど確認したとおり、一部の性質がまとまりから抜けて新たな性質がそれに代わって現れる、ということがあるため、完全な厳密さをもって「性質は不可分に結びつきあっている」と言うことはできないのである。ときには、茶色が剝ぎとられてその代わりに白が現れるということもある。

個別者についてのこのような考え方を理解するには、喩えとして、マチ針を一箇所にまとめておくのに使われる針刺しクッションを考えるのが一番よいかもしれない。針はある個別者の性質を表し、クッションはその個別者そのものを表す。この見方は、個別者に関する**基体説**と呼ばれることがある。

クッションは、目の前に現れているすべての性質の背後にある基体だというわけである。そこに刺さっている針の一つが机の茶色さを表し、それとは別の針が机の硬さを表す。そして、三つめとなる別の針が机の重さを、さらに別の針が机の高さを表す、といったように、机のもっているあらゆる性質の各々について同じことが言える。これらの性質を剝ぎとってしまえば——それは心のなかで、つまり抽象という操作を通じてなされるわけだが——机というものそれ自体はこうした性質とは区別されるものであって、それらの性質すべてがそこに備わるもの、それが机である、ということがわかるだろう。もちろん、現実のクッションの場合は、そこから針をすべて取り去ってしまっても、見て触ることのできるものはまだ残る。だが忘れないでおこう。ここで考えている喩えとしての針刺しクッションは、そこに刺さっているすべての針が取り除かれたとき、すべての性質を剝ぎとられた個別者なのであり、それによって机それ自体とはなにかを考えることができるところのものである。それは性質を欠いている以上、見たり触ったりできるものではまったくないことになるだろう。だがそうだとすると、いったいそれはなんなのだろうか。

例として一匹の猫を考えてみる。私たちが知りたいのは、その猫がもっているあらゆる性質の背後にあるものとはなにか、ということだ。まず、黒さは一つの性質であるから、黒さを除いてその猫のことを考えよう(ただし、猫の黒さを取り除くというのは、その猫の皮を剝ぐといったこととは異なる)。猫の色を取り除くだけでなく、その形も取り去らなければならない。形も同様に一つの性質であるからだ。さらに、四つの脚をもつこと、いやな匂いがすること、柔毛で覆われていること、などについても同じである。それらをすべて取り去ってしまおう。だがそうすると、背後にある基体とは本当のところなんなのだろう、と疑問に思われてくるかもしれない。そのような基体は、目に見えないものでなければならないだろうし、いかなる長さ、幅、高さももたず、いかなる色も硬さももたないだろう。ある意味でそれは裸である。そしてこのことをふまえると、私たちは実際こう思い始めることになるかもしれない――そもそもここには、なにも残っていないのではないだろうか、と。

哲学者という人種の悪名高い特徴は、一つの考えについてそれが含意することをすべて引き出そうとする、というものである。ただし、哲学者はそうした含意をつねに受けいれるわけではない。ときには、ある仮定から引き出される帰結があまりにもばかばかしいために、その帰結が、最初の仮定を拒否する十分な根拠になることもある。そうした反直観的な帰結によって、もとの仮定が不合理な考えへと格下げされたことになるわけだ。ひょっとすると、先ほどの場合に起こったのはそれだと言えるかもしれない。まず、個別者はその性質とは別のものでなければならないと考えられた。ところが、猫それ自体からその性質を引き剥がすということを始めるやいなや、そこに残るものがあるとはとても言えないことがわかった。そこで考えられている基体としての猫は、なにものでもないように思われるのだ。それには重さもなければ色もないし、空間的な広がりもなく、その他どんな性質も備わっていない。それゆえ、それは存在しないものであるように思われ始めるのである。一般に、存在するものはいずれもなんらかの性質をもつ、ということが成り立つのではないだろうか。つまり、個別者はまず「裸」で存在することができ、それらの一部は運よくたまたま性質をもつようになる、などということはないように思われる。これまで存在した、そしてこれから存在する物質的なものが、いずれもある形や重さ、特性をもっていることは間違いない。そうであるとすれば、なんらかの仕方でそうした性質と独立にものが存在しうるかのように語ることは、私たちを不合理な考えに導いてしまう誤りなのかもしれない。

性質の束

それならば、別のアプローチを考えることにしよう。性質をもたずに存在する「裸」の個別者がありえないとすれば、話の出発点だった性質のまとまり、ないし性質の束について、ここで考えなおしたくなるかもしれない。それらの性質を心のなかで、抽象化のプロセスにおいて剝ぎとったとき、そこにはなにも残っていないということが懸念の種なのだった。だとすれば、個別者とはそうした性質の束にすぎない、ということを認めてしまったほうがよいのではないだろうか。性質をすべて取り除いたとき、本当になにも残らないのだとすれば、そこで考えている個別者というのは、実はそれらの性質から区別されるものではありえない、ということになるはずだ。束説《たばせつ》は、「個別者とはなんであるかは性質だけによって説明することができる」という考えである。この考えにはどれくらい説得力があるだろうか。

束説に関しては、すでに論じた変化の問題に由来するいくつかの問題点がある。ものが性質の集まりにすぎないとすれば、いかなる変化についても、一つのものがその変化を通じて存在し続けるということが不可能になってしまう。ある性質が失われ、別の性質が獲得されたとき、そこには以前とは別の集まりがあることになるからだ。というのも、一つの集まりが異なる複数の時点を通じて同一のものであるのは、それが同一の要素によって構成されていることによる——と、ここでは前提している——のであって、それゆえ、二つの集まりに含まれているものが異なるならば、その二つの集まりは相異なるものでなければならないからである。明らかに、私たちの興味の対象となる個別者は、(数的に)同一であり続けながらつねに変化している。たとえば、猫はその形をひっきりなしに変化させる。寝そべって平らになっているときもあれば、まるまって玉のようになっているときもある。さらには、たえず形を変化させながら走りまわっていることもある。猫がつねに変化しているならば、猫は性質の集まりにすぎない、などということがどうして言えるのだろうか。

もっとも、この反論には束説の基本的発想を保持しつつ応答できるかもしれない。ひょっとすると、ものとはある程度の連続性をもって互いに結びついている複数の性質の束が一続きになったものである、と考えるべきなのかもしれないからだ。たとえば、机はときに白く塗られることによって変化するが、そのとき、机の重さ、高さ、物理的位置はほとんど同じままである。ここでは、物体がもつ物理的位置はその物体の性質の一つであると想定しており、目下の文脈において物理的位置がたいへん重要な性質であることは明らかだ。私は、白い机が以前の茶色い机と同一のものであることを確信しているが、それは、その机が同じ部屋のなかにあることをわかっているから、という理由によるところが大きい。机が移動したとすれば、移動が始まったところと終わったところのあいだにある一連の位置を通過することによって次第に机が移動したのだと私は考える。猫はすばやく形を変えるが、その色、柔毛のふわふわ、匂いは同じままであるし、重要なことに、いる場所も同じである。一方、もし猫が位置を変えたとすれば、その移動は、やはり一連の位置を通過することによってなされたのである。したがって、次のように言うことができる。性質の束は、生じては消えてしまう、つかの間のものであるが、個別者はそうした束から成る系列——その系列には始めから終わりまで適切な連続性がある——に他ならない。

束説が直面する問題は他にもたくさんある。そのうちの一つをこれから考えるが、その前に言及しておくべきことがある。それは、束説の大きな強みかもしれない点だ。最初に検討した説明では、個別者とはものの性質をまとめている隠れた基体であった。つまりそこでは、机や椅子、犬、木といった個別的物体とはなにかを説明するために、ものの性質と基体という二種類の構成要素を想定したのである。しかし束説では、一種類のものしか必要ないように思われる。想定するのは性質だけであり、性質が束をなしたとき、あるいは性質の束が連続的な系列をなしたとき、それがすなわち個別的物体である、と言われる。したがって、基体説の考え方では二つの要素が必要となったが、そこには今や一つのものしかない。見方を変えてこのことを述べなおすならば、次のようになる。基体という概念は、別の概念を用いて完全に変換され、なくなってしまった。ものとは、適切な仕方で並んだ性質の束以上のなにものでもないからである。

このように、より少ない種類の存在者を引きあいに出すという点に関しては、二つめの理論のほうがより単純な理論である。形のない不可知の基体を想定しても、それによって新たに得られるものはまったくないように思われた。しかし束説が正しいならば、基体などなくてもすむのである。ここで、より単純でより経済的な理論のほうが複雑で非経済的な理論よりも正しい可能性が高い、と考える特別な理由はないけれども、哲学者が好むのは単純な理論である。たしかに、世界についての理論を構築するとき、その理論に余分なところがあるのを許容する理由はなにもないように思われる。余分な要素はいずれも、その理論の説明がうまくいくために必要とされないことが明らかだからだ。そうした要素はいかなる用途にも役立たないのである。

うりふたつの双子

したがって、束説は基体説よりも単純であるようにみえる。だが、束説は単純すぎるのではないだろうか。個別的なものに関して成り立っていると考えたいことのすべてをもたらしてくれるだけの手段が、束説をとったときにあると言えるだろうか。そうは言えないということを示唆する、次のような考察がある。束説が主張したのは、個別者とは性質の集まりにすぎない、ということだった。たとえば、スヌーカーで使われる玉の一つは、赤い、球形である、光沢がある、直径五二・五ミリメートルである、などといった性質の束にすぎないとされる。しかしこの理論にとっての問題は、それらの性質を過不足なく備えた、数的に別の物体がありうるということである。実際、スヌーカーという競技が公平であるためには、まさにこれらの性質を備えた赤玉——つまりきちんと規格化された玉——

がたくさんなければならない。そしてここにおいて、束説は困難を抱える。というのも束説によれば、個別者はこれらの性質の束にすぎないのだから、同じ束があるときは同じ物体がある、ということにならざるをえないからである。言い換えれば、束説においては、性質の束として同じであるような物体はたかだか一つしか存在しえないのである。

この反論はたんなる揚げ足とりであってたいして重要ではない、と言われるかもしれない。実際のところ、二つの相異なる物体がすべての性質を共有するなどということは、現実にはけっして起こっていないはずではないだろうか。量産品の机であっても、重さや色に関してごくわずかな違いをなにかしらはもっているはずである。机の表面にわずかについた微細なひっかき傷のパターンだけを見ても、そこにはなんらかの違いがあるだろう。スヌーカーの玉は、競技を公平に行いうるのに十分なだけ互いに似ていればそれでよいのであり、それゆえ、それらの玉であってもなにかしらわずかな違いをもっていてよいのである。しかしながらこの応答は、哲学理論にとって肝心な点を見落としてしまっている。束説は、個別的なものであるとはどういうことかについての説明であると考えられた。それゆえ、この理論の真理性は、あらゆる個別者はたんなる偶然によって、現にそれぞれ別の束になっている、などという幸運な事情に依存してはならない。二つのものがすべての性質を共有している、ということが少なくとも可能ではあるように思われるのは間違いない。もし束説が主張するように、個別者がたんなる性質の束にすぎないのだとすれば、束説はその可能性と矛盾する。同じ性質をもつ二つの個別者が、一つの個別者へとつぶれてしまうのである。

束説の支持者がとりうる打開策は二つあるが、どちらにも問題がある。解決策にみえる第一のものは、二つの個別者がすべての性質を共有するということがありえない原理的な理由がある、と主張することである。もし関係的な性質というものがあることを認めるならば、どんな二つの個別者のあいだにも関係的な性質に関して違いがなければならない、と言えるだろう。関係的性質を認めることで、二つの個別者を関係づけるものとして時空的位置が得られることになるからだ。「関係的性質」という言葉でなにを言い表そうとしているかは、次の具体例が説明してくれる。スヌーカーで使われる赤い玉は、それぞれの内的な特徴を調べたときには互いに識別不可能であったとしても、そのうちの一つが右下のポケットからちょうど二〇センチメートルのところにあり、別の一つがそこから三〇センチメートルのところにある、といった仕方で互いに異なっているだろう。一つの玉は、右下のポケットから二〇センチメートルのところにある、という関係的性質をもっており、それとは別の玉の一つは、そのポケットから三〇センチメートルのところにある、という関係的性質をもっているのである。まったく別の二つの個別者が同じ時刻に同じ場所を占める、ということがありえないと仮定すれば、すべてのものがそれぞれ固有の関係的性質群を備えることになると思われる。

この提案が抱える問題はこうだ。個別者を〔たんなる性質の束ではないものとして〕形而上学理論に再導入しないかぎり、別個のものが互いに異なる関係的性質を実際にもっている保証はない。次に述べることがその理由である。空間(と時間)における位置については、それらは絶対的なものであるという考え方と、関係的なものであるという考え方がありうる。もし絶対的なものだとすると、そのことは、空間的位置にはある種の個別性があるということを示唆するだろう。つまり、位置はそれぞれ個別者である、ということになるはずである。このとき、個別者——ただし、性質の束としては定義されないもの——という概念が、理論のなかに再び組み入れられたことになる。これでは話にならない。束説が望んでいたのは、性質の束を用いて個別者を消去する、ということだからだ。

では、空間的位置は絶対的なものではなく、互いに対する関係によって定義されるものだと考えればよいのだろうか。そう考える場合の問題はこうだ。宇宙空間がある一本の直線に関して対称である、ということは少なくとも可能ではある。その対称軸の両側で対応する位置にある場所は、全空間内にある他のあらゆる場所に対してまったく同じ関係をもっている。このとき、スヌーカーで使われる玉のうちの〔すべての非関係的性質を共有した〕二つを、対称的な宇宙においてそのように対応している二点に置くならば、二つの異なる個別者が、別個であるにもかかわらずあらゆる非関係的性質と関係的性質を共有する、ということが依然として理論的に可能である（ここに述べたことはやや込みいった印象をあたえるが、言わんとすることは図が示してくれている）。またしても、束説においては二つの個別者がつぶれて互いに重なってしまう。

以上は少々複雑な論証であったので、ここで短い要約を述べるのがよいかもしれない。私たちが試みたのは、別個ではあるが識別不可能である〔ようにみえる〕複数の個別者を、それらが互いに異なる位置をもつと

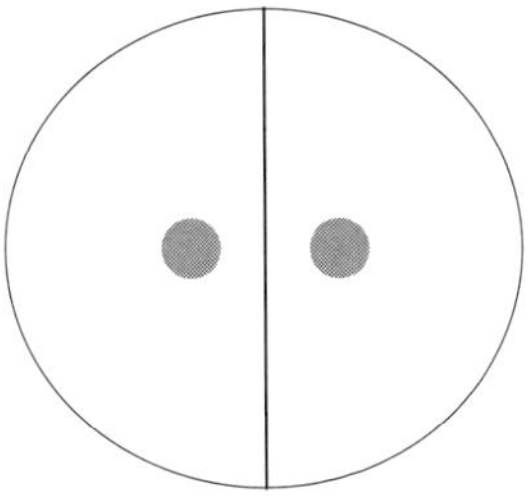

対称的な宇宙

いうことに基づいて区別する、ということだ。ところが、それらの位置がそれ自体として個別者であるとすれば、個別者の消去には成功してないことになるし、他方で、位置は互いに対する関係によってのみ区別されるものだとするならば、宇宙が対称的構造をもつという可能性がある以上、位置に基づいて識別することさえできない二つの個別者がありうることになってしまう。

すべての性質を共有する複数の個別者が一つにつぶれてしまう、という含意を、束説の支持者はどうすれば回避できるのか。今しがた考えたのは、その方法として提案される第一のものである。それはうまくいかないように思われたので、第二のものを考えることにしよう。それはこんな提案だ。束説が正しいならば、すべての性質を共有する束は同一でなければならない――この反論が効力をもつのは、そうした性質がある特定の仕方で理解されるときだけである。すなわち、個別者とはまるで違ったものとして性質が捉えられなければ、この反論は成功しない。しかし、第2章でみるように、性質の捉え方としては別のものもある。ひょっとすると個別者が備える性質は、なんらかの仕方ですでに個別性をもっているのかもしれない。たとえば、目の前にあるこの束に含まれる〈赤さ〉は、別の束に含まれる〈赤さ〉とは別個のもの、別個の事例であるかもしれない。もし性質をこのように捉えるなら、「まったく同じ性質をもつが数的には異なる個別者」というものは束説のもとでもたしかにありうることになるだろう。そうした双子の個別者は、同じタイプの性質のそれぞれ異なる個別例から構成されたもの、として理解できるからである。実際私たちは、数々のスヌーカーの赤い玉について考えるとき、まさにこのような捉え方をしているのではないだろうか。目の前にあるこの玉に属する

〈赤さ〉は、あそこにある玉に属する〈赤さ〉と同じではない。それらは、赤さの二つの異なる個別例なのである。*2

だが、解決策にみえるこの考えにも問題がある。束説を救ったことにはなるのだが、それにはコストがともなっているのである。すでに指摘したように、束説の一つの利点は、個別者が性質によって完全に説明されるということだ。個別性は、性質を用いて変換され、なくなったのである。しかし、今の状況はこうであるように思われる——あらゆる点で等しい二つの束が一つにつぶれてしまう、という反論から束説を救えるのは、なんらかの仕方で、個別者として性質を理解したときだけである。赤さの二つの異なる個別例があると述べたことにより、今や性質は、ある種の個別者であるようにみえる。つまりこの方策は、性質の束のふるまいを個別者——物体はこのカテゴリーに入ると捉えられているのだった——に似せようとしたのだが、その結果として、性質を個別者に近づけざるをえなくなってしまった。個別性は、束説のなかへこっそり再び入り込むことに、まんまと成功してしまったのである。

ここまで来るあいだに、私たちが誤りを犯したかもしれない箇所は無数にある。だが一見したところ、次のような結論を導かざるをえないようにみえる——個別性は、実在が備える還元不可能な特徴である。というのも、別個であることが性質の違いによって説明されないような二つの異なる個別者が、少なくとも理論的には存在しうるからである。

そうだとすると、机とは結局なんなのだろうか。この章での考察を経た結果として、次のように言わなければならないように思われる。机はある種の性質をもつ個別者であるが、その性質と同一ではないし、その性質に還元することもできない、と。机は考察の対象として任意に選ばれたものであり、それゆえ、机に関する考察から一般化しても問題ないと思われる。そうだとすれば、他のいかなる物体についても「その物体とはなにかという問いに対して」同じ答えがあたえられるはずである。

この章の全体にわたって、個別者のもつ性質が話題にのぼっていた。次に考察する必要があるのは、その性質という存在者が——そもそも実際に存在者であるとすれば——どのようなものとして考えられているのか、ということである。そういうわけで、次はこの主題へと移ることにしよう。

＊1　本書の他の箇所を含め一般に、質的同一性が問題となっていない文脈では、「同じである」や「同一である」といった表現は数的同一性を意味するものとして使われるのがふつうである。

＊2　ここでは、一つの玉が朱色で、別の玉が深紅色である、といった話をしているわけではないことに注意しなければならない。ここで問題になっているのは、たとえスヌーカーの玉がどれもまったく同じ色相・彩度・明度の赤色をもっていたとしても、それぞれの玉には別個の〈赤さ〉が属している、という主張である。

第2章 円とはなにか

本章の幕を開ける問いは、とても単純なものである。円とはなにか。これを見て読者はこう思っただろう――有史以来すでに幾世紀も経った今、こんな問いにはとっくに答えがあたえられているはずだ、と。実際、きわめて明確で単純な答えが少なくとも一つある。それは幾何学があたえてくれる答えである。円は、数学者によって厳密に定義されている。しかし、さしあたりその定義のことはいったん忘れたほうがよい。数学的定義は本書の関心に沿うような答えではないからである。

私たちの周りには円いものがいろいろある。硬貨や車輪があり、ボールの外周や茶碗の縁があり、紙の上に線で描かれた円がある。これらさまざまな円は一つ一つ区別されるものであり、それぞれ異なる場所と時間に現れている。その一方で、あらゆる円の例に共通するものがあるように思われる。右に挙げたいくつかの例、そして他の円いものすべてに共通しているのは、円さと呼ばれるものである。この特性は、〔「円さ」という〕名前があたえられることによって、単一の存在者のように扱われる。[*1] その同じ特性を、種々さまざまなたくさんの場所と物体に見いだすことができる。円さは**多**にわたる**一**である、という言い方をする人もいる。そうした多種多様な個別者すべてを通じて、円さという一つのものがあるというわけだ。

ぐるぐると円を描く

円さなるもの——そもそも、それがものであるとすれば——には、奇妙な点があるようにみえる。私たちがさまざまなものについて考えるとき、そこで考えられているのはふつう、机、椅子、自動車、建物、木、ペンといった個別的な物体である。[*2] そうしたもののなかから一つを選んで考えてみよう。なんでもよいが、ここではペンという一つの個別者にしよう。そのペンは、ある特定の家のなかの特定の机の上に置かれていると想定してよい。そのペンは、ある時点で存在し始めたものであり、特定の歴史をもっている。このペンがある特定の机の上にあるとすると、そのペンは他のどこにもないということになる。また、もしこのペンをある人が所有しているならば、そのペンを所有する人は他にだれもいないということになる。もちろん、数人が集団となり、全員共同で一本のペンを購入する、ということも考えられる。しかしそれでも、そのような集団が当該のペンを所有しているならば、そのペンを所有する集団は他にない。場合によっては、共同した仲間たちが各々そのペンの小さな一部分を所有する、ということはあるかもしれないが。

そういうわけで、羊や机やペンは個別的物体である。一つの円という言い方をするときは、円も個別者として扱われている。しかし、個別的な円がもっている円さは、個別者とはかなり違ったあり方をしている。ある場所・時間に円さが現れているという事実があっても、ペンの場合とは違って、円さがそのとき他の場所に現れていないということにはならない。しかも、円さが現れる複数の場所のいずれにおいても、円さは**余すところなく現れている**。このような特性はペンの場合とは異なる。ある人が一本のペンをまるごと所有しているならば、そのペンを所有する人は他にだれもいないことになる。それに対して、ある一つのものが円さをもつとしても、円さをもつものが他になにもないということにはならない。また、数人が一本のペンを共同で所有している場合、所有者の各々が所有しているのはそのペンの一部だけである。それに対して、数個のものが円さをもつとき、それらのものの各々は全体として円い形をしている。複数のものが円さをもつためには、円さを複数の部分に分ける必要がある——たとえば、ちょうど二つのものが円さをもっているときは、各々が半円になる——などということはないのである(もしそんなことになれば、当該の二つのものはどちらも結局は円くないということになるのだから、それはばかげた想定だろう)。以上のようなことこそ、「円さは、その個別例のいずれにおいても余すところなく現れている」「円さは、多なるものをつらぬいて存在している一なるものである」といった表現で言おうとしていることに他ならない。

ここまでに述べたことは、ややこしく絡まりあっているようにみえたかもしれない。そこで、その絡まりの解消をここで試みよう。そのための一つの見方はこうだ——存在者の基本的な種類が二つあり、それは個別者とその性質である。机や椅子や羊は個別者の例であり、それら各々の個別者は、一つの時点につき一つの場所にしか現れていないようにみえる。一方、円さは性質の一例である。言い換えればそれは、個別者がもっている特性ないし質である。ある性質が一つの場所において完全に現れているという事実は、そのときどこか他の場所にもその性質が現れるという可能性をまったく排除しない。この特性をふまえて、性質を**普遍者**と呼ぶのを好む人もいる。普遍的なものはどんな場所と時間にも存在しうる、というわけだ。ただし厳密に言えば、「普遍者」という語は、性質とはなにかに関する特定の理論の一つにおいてだけ用いるのがもっとも適切である。[*3] なお、性質の例としては他に、赤さ、四角さ、毛深さ、溶けやすさ、爆発しやすさ、背の高さなどが挙げられる。

関係するいくつかの問題

こうした性質について――とりわけ、性質はどのようなあり方をしているのか、またそもそも性質は存在するのか、ということについて――形而上学的な観点から語るべきことはたくさんある。しかしまずもって指摘しなければならないのは、通常、性質は**関係**と区別されるということ、そして、性質について確認した問題の多くが関係の場合にも同様に見られるということである。

父アランは、長男ボビーよりも背が高い。これを、次のように考えることができる――〈〜は…よりも背が高い〉という関係があって、アランがその関係をボビーに対してもっている。そして、〈〜は…よりも背が高い〉の他の個別例はいたるところにたくさんある。ボビーは妹のクラリサよりも背が高いし、同様にクラリサは犬のドゥーガルよりも背が高い。また、エンパイアステートビルはクライスラー社のビルよりも高い。性質の場合と同じく、この〈〜は…よりも背が高い〉関係はその個別例のいずれにおいても余すところなく現れている、と論じることができる。そのことは、性質の場合よりもずっとはっきりしているかもしれない。アランはボビーよりも背が高いという事例と、ボビーはクラリサよりも背が高いという事例の双方に現れているのは、まったく同じものであることが明らかだからだ。あるものは別のものよりも背が高い、と言うときには、どんな場合でも同じことを言おうとしていると思われるのである。

さて、性質に話を戻そう。きわめて難しい哲学的諸問題のいくつかへとここから進むにあたって、必要なものはすでに揃っている。ある人が、この世界にある円いものをすべて集めたと仮定しよう。もちろんそんなことを実際にやるのは不可能だが、この仮定を一つの思考実験として考慮する価値はある。続けてこう仮定しよう。その人は、それらの円いものを――具体例はその他のものでもいいのだが――すべて押しつぶして壊してしまった、あるいは少なくとも、もはや円いとは言えない形にしてしまった。このとき、その人のしたことによって円さが破壊されたことになるだろうか。ならない、と言ってよいだろう。その人が壊したのはせいぜいのところ、円さの個別例のすべて、である。だが、それでも円さは存在していると言えるだろうか。もしそう言えるならば、円さはいつどこに存在しているのだろうか。

プラトンの天上界

あらゆる哲学者のなかでもっとも偉大な者のひとり、プラトンは、この問いへの答えをもっていた。初めて聞くとあまりにも奇抜に思える答えだが、よく考えてみればその印象はなくなるかもしれない

（形而上学的な考察はそんなふうに進んでいくことが多い）。プラトンは、円さを破壊することはできないと考えた。プラトンの考えでは、私たちが見知っている円さのさまざまな個別例はすべて、本当の円さの不完全なコピーにすぎない。物的世界に存在している円いものはどれも、その円さに関して少なくともある程度は——どれだけその程度が小さくとも——どこか欠けているはずである。円の幾何学的な定義がここで重要になる。プラトンは、完全な円を真に見知っているのは数学者だけだと考えた。完全な円においては、円周上のどの点も中心からまったく同じ距離にある。それに対して、私たちが身の周りで見る円はどれも、わずかにではあれ、このように完全な、あるいは理念的な円からいくらか離れた形をしているはずだ、というわけである。さて、空想的にさえみえるのは次の点だ。プラトンは、完全な円が存在しているのは天上の超越的世界だ、と考えたのである。その世界は、ふつうの物体にあふれた、私たちの住まう物的世界を超えたところにある。この天上界には、あらゆる性質とあらゆる関係のコピーではない本体が、どちらもすべて含まれている。

ここでいったん立ち止まる必要がある。いわゆるプラトン的な〔理念的〕領域というものがあって、円さや赤さや毛深さといった性質、そして〈～は…よりも背が高い〉のような関係のすべてがそこに存在している、というのはかなり印象的な考えだからだ。その領域は、目で見ることができず、およそ物理的に相互作用することもできないような、なんらかの領域である。プラトンによれば、その領域について考え、それを理解するための手段は、純粋な知性しかない。世界は私たち人間の造ったものに尽くされるわけではなく、それ以上のなにかをも含んでいる——プラトンの見解が依拠しているのはそんな考え方である。

たとえば、2＋2＝4であるという事実を考えよう。たとえこの事実について思いをめぐらしたことのある人がいなかったとしても、さらには、そもそも人間がまったく存在しなかったとしても、この事実は変わらずに成り立っているのではないだろうか。宇宙に生命が育まれず、あるのは無生物たる岩の数々だけだったと仮定しよう。それでも、2＋2個の岩は4個の岩である。たとえそのことを考える人や言葉にする人がまったくいなかったとしても、そのことに変わりはない。そうであるとすれば、プラトニズムにはいくらかの魅力があるはずだ。ある種の存在者は、その卓越性と完全性があまりにも高度であるがゆえに、日常的なふつうの世界と思考にはおさまらないように思われるからである。

プラトニズムは、性質についての実在論としてもっとも強い形態のものである。プラトンの考えによれば性質は、私たちがふだん出会っている不完全なコピーに比べて、実在性の度合いが高い。理念的な円だけが完全な円なのであり、その他の円はいずれもどこか欠けている。プラトンは、そうした性質の真の姿を**イデア**と呼び、あらゆる存在者のなかでもっとも実在性の度合いが高いものだと考えた。イデアが存在するということは、純粋に知的な把握作用だけによってわかる。それゆえ、感覚が私たちを欺くのではないか、と心配する必要はない。*4

プラトニズムの発想を嫌う人もいる。場合によっては、それはたんにその人の好みの問題というわけではない。プラトニストは、存在を二つの領域に分ける。私たちの住まう世界と、性質が存在する天上界の二つである。しかし、あるものを二つの領域に分ける、ということをするときには必ず、それらがどのように関係しあうのかをなんらかの仕方で説明しなければならない。そして多くの場合、その説明はかなり厄介なものになる。その問題はプラトニズムにも困難をもたらす。円の完全なイデアと、私たちが身の周りで見る個々の円とのあいだに成り立つとされるのは、どのような関係なのか。プラトンはこの問いに何度も答えようとしたが、完璧に成功をおさめたことはない。天上界に、つまり空間と時間の外に一つの〔完全な〕円が存在し、その他の円はすべて空間と時間のうちに不完全なかたちで存在する。そうだとすると、それら時空内の円はいかにして円のイデアと関係しあうことができるのだろうか。時空内の円は、そのあり方の点で理念的な円と大きく異なっているが、にもかかわらず前者は後者に類似している、と考えることはできるだろうか。

一般に、そのような考え方には大きな困難がともなう。次のようなことを言いたいと仮定しよう――時空的世界のなかにある円は、円の完全なイデアに類似している。類似しているというのは一つの関係である。しかしここで思い起こさなければならないのは、プラトンの考えでは関係もまた天上界に属するものだということである。したがって、類似しているということのイデアがある、ということになる。そうだとすれば、先ほどと同じ問いに再び答えなければならないことになる――類似しているということのイデアは、いかにして実際の（時空内の円と円のイデアとのあいだに成り立つ）類似関係と関係しあうことができるのか。この問いに対して先ほどと同じ答え――前者は後者と類似しているのだという答え――をあたえるのであれば、私たちは一歩も前進していないことになる。そこで始まってしまうのは、**無限後退**と哲学者が呼ぶものである。そのような答えをあたえることによって、類似関係の系列が無限に続いてしまうことになるのである。それが示しているのは、もともとの答え方がうまくいかないということだろう。つまり、イデアはその個別例と関係していると言おうとする試みは、おしなべて控えなければならないということだ。

とはいえ、プラトニズムが私たちにとって唯一の選択肢というわけではないのだから、右のような考察を経てこの理論が失敗せざるをえないようにみえたとしても、絶望する必要はない。主な選択肢としては他に二つのものがある。第一の選択肢は、性質——はっきりと普遍者として考えられたかぎりでの性質——についての反実在論である。この選択肢について次に説明してみよう。

そもそもの出発点は、世界にはものの基本的な種類が二つある、という想定だった。しかし、この想定を受けいれない人もいる。存在するものを二つの基本的な種類へ分割することを拒否する一つの理由は、まさに、分けられた二つをなんらかの仕方で結びつけなければならなくなってしまう、ということである。たとえば、性質としての赤や緑を、リンゴのような〔個別的な〕世界のなかにある物的なものと結合させなければならない。だがそのときには、リンゴがそれら二つの性質を例化しているという言い方を、あるいはそれに類するなんらかの説明を採用しなければならなくなってしまう。そこで、最初の想定を受けいれずに、ものの種類は一つしかないと考えたとしよう。とくに、この世界に存在しているものはいずれも個別者である、と考えたとしたらどうだろうか（第1章で、個別者に関する束説を検討したが、ここで考えているのはそれと対極をなす見方である。束説は、この世界には性質しかないと主張するからだ)。

このように個別者しかないと考えることには、一定の魅力がある。机や椅子が存在すること、ボールやガラス瓶、木や鉛筆や硬貨、その他さまざまなものが存在することを私は知っている。その一方で、円さが、一枚の硬貨が存在するのと同じ仕方で存在する一つのものであるという考えについては、私の確信の度合いはやや低い。円さは一つのものであるという主張を右で提示したとき、それに説得力をもたせるためにはいくらか努力が必要だった。それに対して、今しがた挙げたような種々の個別者がどれも実在しているということをだれかに納得させるのは、まったく努力を要しないことが明らかである。

言葉ではなんとでも言える

個別者しかないと考えたとき、性質であるとされていたものはどのように扱われるのだろうか。存在するものはすべて個別者であるという考えは、**唯名論**と呼ばれることがある。これは名前主義という意味である。円さとは、個別的物体の集団について語るために使われるただの名前だ——つまり、一つの言葉にすぎない——と考えるのである。この理論にはさまざまなバージョンが存在するが、そのうちの一つによれば、円さという名前は、互いに類似した個別者の集団に適用される。したがって、ボール、硬貨、瓶の蓋、車輪といった個別者が存在する一方で、円さとは、こうしたものが互いに類似している仕方につけられた名前にすぎない。円さそれ自体はいかなるものでもなく、存在しないもの、実在性をもたないものなのである。こうして、存在するすべてのものは個別者だ、ということになる。

しかし、唯名論にも固有の問題がある。ある物体の集団について、それらはどのような仕方で互いに類似しているのか、と問うことができる。今、具体例として考えている物体――硬貨、車輪、瓶の蓋など――が、どれも円い形をしているだけでなく、すべて茶色であると仮定しよう。その場合、それらの物体が類似している仕方ないし点は一つだけではないと思われる。したがって、円さがあるとはたんに当該の物体どうしが類似しているということだ、と言うことはできない。円さは、ある特定の点で似ているということであり、他の点で似ていることとは区別されたものでなければならないと思われるからである。

これは壊滅的な問題となる可能性がある。私たちは、さまざまな個別的なものだけでなく、それらが類似している仕方や点といったものも引きあいに出しながら語らざるをえないが、仕方や点という言い方は、性質を別名で表したものであるように感じられる。それゆえ、性質を捨てて個別者だけですまそうという試みはすぐさま座礁してしまったようにみえるのである。

それだけではない。さらに次のような問題もある。個別者の集団が互いに類似しているということ、それが性質の正体に他ならないとされたわけだが、しかしこの〈類似〉なるものはいったいなんなのか。それは一つの関係のようにみえる。つまり、特定の集団に属する個別者すべてのあいだに成り立つはずの関係であるようにみえる。しかし、関係は普遍者に他ならない。したがってここでも、普遍者

――今の場合には、性質ではなく関係――を持ちだす説明をしているようにみえるのである。それを避けることはできるだろうか。

〈類似〉は普遍者でもプラトン的イデアでもない、と考えたとしよう。唯名論においてその他すべてがそうであるように、〈類似〉も個別者だと仮定するのである。そうすると、ある一対の物体について、それらのあいだに成り立つ特定の〈類似〉がなければならないことになるはずだ。しかし同様に、それとは別の一対についても、それら二つの物体のあいだに成り立つ別の特定の〈類似〉があることになるだろう。では、この二つの特定の〈類似〉がどちらも〈類似〉であるのはどうしてなのか。くりかえすが、今の仮定のもとでは、〈類似〉を実在する関係と捉えることはできない。したがって、問題の二つの〈類似〉は互いに類似しているのだと言わなければならないように思われる。だがそうだとすると、そこに登場した、個々の特定の〈類似〉どうしの〈類似〉という、さらに別の〈類似〉についても説明をあたえなければならない。ここでもまた、無限後退が起こりそうにみえる。

この問題は、ここで言及するに値する別の考え方にも困難をもたらす。その考え方は、唯名論の一つのバージョンとみなされることもあるかもしれないが、唯名論と区別すべき点も備えている。その考え方によれば、世界は個別者だけから成るが、それらの個別者は、個別的物体ではなく個別的質として捉えなければならない。このように考えることは、多をつらぬいて存在する真正の一なるものとして性質を捉えることを拒否するやり方の一つだ。そのように捉えるのではなく、目の前にあるこれがもっている赤さは、あそこにある別のものがもっている赤さとは数的に別個のものであると考えるのである。さまざまな円があちこちに見られるのとまったく同様に、この世界のいたるところにさまざまな赤い部分を見いだすことができるのであり、これらの個別的な属性は互いに完全に区別されたかたちで存在していると捉えなければならない――なぜなら、スヌーカーの玉の一つが現にもっている赤さは、別の一つの玉がもっている赤さが存在しなかったとしても〔つまり、その別の玉が存在しなかったり異なる色だったりしても〕存在しうるのであり、その意味で両者は区別されるからだ――というわけである。*5

このように個別的なものとして捉えられた性質は、**トロープ**という専門用語で表される。しかしこのアイディアにも、先ほど取りあげたのと同種の困難が生じる。たとえば、スヌーカーの玉の数々がもっているトロープがいずれも赤さのトロープであるというのは、なにによって成り立っているのか。それらに赤さという本質的特徴をあたえているものはなにか。一つのかんたんな答えはこうだ――それらがどれも赤さのトロープであるという事実は、それ以上の説明をあたえることができないという意味で、それらのトロープについての原始的な事実である。あるいは、それらがどれも赤いのは互いに類似しているからだ、と答える人もいるかもしれない。だがすでに確認したように、〈類似〉を持ちだすと厄介な問題が生じてしまう。すなわち、〈類似〉というトロープが存在すると言ってよいのか。存在するとすれば、それらの〈類似〉トロープは互いに類似しているのか、という問題だ。

この世に戻る

プラトニズムとも唯名論とも異なる選択肢はあるだろうか。どちらの立場にも困難があることがわかった今、第三の道がないかと考えてみるのは自然なことだ。幸いなことに、第三の選択肢はある。哲学史上もっとも有名な肖像は、ラファエロ作「アテナイの学堂」に描かれたものである。その絵の中央で、プラトンとアリストテレスが議論している。プラトンは天上を指さしているように見える。本当に重要なことはすべてそこにある、というわけだ。一方、アリストテレスは異なる考えをもっている。アリストテレスがその手で指しているのは、足下にあるこの世界である。「そうではありません、すべてはこの世にあるのです」――アリストテレスはそう力説している。

このようなアリストテレス的な考え方は、じっくりと検討すべきものである。プラトンの理論は性質についての実在論であると述べたが、それが実在論のとりうる唯一の形態というわけではない。プラトンの理論をめぐる懸念は、その超越的な特性に関して、とくに、性質は理念の世界たる天上界に存在しているという主張に関して生じたのだった。しかしひょっとすると性質は、この世に実在するものなのかもしれない。つまり、自分たちもその一部だと私たちが思っているふつうの世界のなかにこそ、性質は存在しているのかもしれない。

アリストテレスの考えはまさにこのようなものだった。こうした考え方は、私たちとともにこの世に存在するものとして性質を捉えているため、内属的実在論と呼ぶことができる。この立場によれば、

「アテナイの学堂」(部分，1510 年，ラファエロ)
(『名画の秘密 ラファエロ「アテネの学堂」』西村書店，2015 年，40 頁より)

円さは世界の特徴の一つとして実在しているけれども、円さはその個別例においてのみ、つまり種々の円いものにおいてのみ存在している。そうしたさまざまな円が不完全であるということは認めざるをえないだろうが、そのことが意味するのはたんに、〔完全な円さではなく〕不完全な円さだけが実在する性質だということなのかもしれない。それを素直に受けいれればよいのではないだろうか。数学者の語る円というのは実際のところ、なにかを言葉づかいの取り決めとして定義したものにすぎないのであって、そう定義したからといってそれが現に存在するということにはならない。アリストテレス的な考え方にしたがえば、ある性質が存在するということは、現にその性質をもつものがあるということであり、数学的に定義されるような完全に円いものが現にないのだとすれば、完全な円さは私たちの世界に含まれる性質ではないのである。*6

しかし、円い物体をすべて押しつぶしたとしてもそれによって円さを破壊したことにはなりえない、という論点はどうなるのだろうか。性質は、ある時点で存在しなくなったり存在し始めたりしうるようには思われない。この点を強調すればプラトニズムへと惹きつけられることになるかもしれないが、プラトニズムとは異なる応答もある。性質はその個別例においてしか存在しない、と主張したと仮定しよう。ただしその「個別例」として、かつて存在したものといつか存在するものもすべて含めたらどうだろうか。私たちは、現在を特権視するのではなく、あらゆる時点を同等なものとして扱うことができる。それゆえどこかに円いものがあるならば、たとえその存在がある時点での一度きりのものだとしても、円いという性質は、存在するもの、実在性をもつものだと言えるのである。

もちろん、この立場にも課題がないわけではない。あるものが性質の個別例であるとはどういうことかについて考察する必要が残っているし、それらのあいだには例化という厄介な関係が潜んでいて、それによって理論が頓挫させられてしまう、ということがないかどうかを検討する必要もある。とはいえ、性質と関係を、たんに実在性をもつものとしてだけでなくこの世にあるものとしても理解することのできるアリストテレス的な立場がありうる、ということは確認できた。もちろんこの考え方も、さらに練り上げて擁護する必要のあるものだが、それをやってみる価値はあるように思われる。

＊1　ここでの「円さ」は、実際に円い形をしているさまざまなものに共通の特性そのもののことであり、ある特定のものがどれだけ円いかの程度としての「円さ」とは異なる。以下で挙げられる他の性質の例についても同様。

＊2　本書全体を通じて、「もの(thing)」という語は基本的に、第1章で主題となったような日常的な意味での「物」、すなわち(自存的な)個別者としての物体(object)だけでなく、本章の主題である性質にも、さらには、およそ存在するものであるならばどんなものにでも適用可能な仕方で用いられている(多少の例外も見られるが、そうした箇所に関しては、著者の言わんとすることを訳文で明示化してある)。この意味での「もの」は「存在者(entity)」と同義である(したがって、本節冒頭の「それがものであるとすれば」は「それが存在するならば」ということである)。

＊3　「特定の理論の一つ」としてここでマンフォードが念頭に置いているのは、以下の本文で説明される三つの立場のうち、アリストテレス的な内属的実在論であると思われる。内属的実在論は、最終節での説明からわかるように、「性質はそれぞれ、同一の時点で複数の場所に存在しうる」という考えを額面どおりに受けいれる。

＊4　プラトンが自身のイデア論を集中的に展開した著作の一つとして、『国家』の第六・七巻を参照。
＊5　ここで取りあげられている考え方を理解するときの注意点については、第1章の訳注2を参照。
＊6　アリストテレスが本当に内属的実在論をとっていたかどうかについて研究者の見解は必ずしも一致していないが、プラトンのイデア論に対する彼の批判を含む著作として、『形而上学』のM巻(第一三巻)を参照。

第３章 全体は部分の総和にすぎないのか

私たちの周りの世界には、単一の要素から成るのではなく複数の部分から構成されているものが、実にたくさんある。たとえば、携帯電話は多くの小さな部分をもっており、それらすべてがきわめて精密な仕方で組み合わされて統合されることによって、ややこしく入り組みつつもきちんと作動する一つの全体へと作りあげられている。ラットを解剖すると、その体内には、粘液に覆われて湿り気をおびたさまざまな種類の部分があることがわかる。生物学が教えるところでは、それらの部分はどれもラットの生命活動の維持に貢献してきたはずである。物体をその外側から眺めると、たとえば果物のオレンジのように、たいへん単純なものにみえることもある。だがそれにナイフを入れれば、皮の下にやはりさまざまな部分があることがわかる。形而上学において、ある物体が複合的であると言うときに意味しているのは、その物体が複数の部分をもっているということに他ならない。*1 しかしこの種の物体に関しては、次のようなよく考えてみるべき問いが生じる。すなわち、そうした複合的な全体は、特定の仕方で配列された諸々の部分の総和にすぎないのか、*2 それとも、それ以上のなにかであるのか、という問いである。以下で確認するとおり、この問いは大きな重要性をもったものである。

だがまずは、複合的であるということについてもう少し説明を加えなければならない。

ふつう私たちは次のようなことを信じているかもしれない――多くのものは複合的であるけれど、完全に単純なものが少なくともなにかしらは存在する。「単純」とはつまり、部分をもたないということである。しかし、単純なものが存在するという考えには疑問の余地がある。人々は以前、ある種のもの――たとえば原子――を単純なものとして捉えていたが、それらは複合的であることが後に判明した。実際に分割され、それらの内部により小さな粒子があることがわかったのである。さらに、そうした粒子のうちのいくつかも同様に、〔より小さな〕部分をもっていることがわかった。このことをふまえると、私たちはなにを知りうるのかという点に関して、難しい状況に置かれることになる。問題はこうだ――私たちは、あるものが複合的であるということを知ることはできるが、なにかが単純であるということを知ることはできない。あるものが諸々の部分をもつことは確認できるが、部分が見あたらないときに、それがどこかに隠れているわけでもなければ小さすぎて私たちに見えないわけでもない、ということを確信することは不可能だからである。そうだとすると、あるものが本当に単純であるということはどうすればわかるのだろうか。私たちは、単純なものがあるということを誤って信じているだけなのかもしれない。

部分のなかにまた部分

そもそも、単純なものが存在しなければならないと考える理由はなんだろうか。多くの場合、部分のなかにはさらに部分を見いだせる。たとえば自動車のエンジンがそうである。では、そのようなパターンがいつまでも続いていて、どんな部分のなかにも必ず部分がある、と考えてはならない理由はなにかあるのだろうか。

部分のなかに部分があるという系列は、ともかくどこかで終わらなければならない、と強く主張されることがある。複合的なものはいずれも、複合的でないものを拠りどころにしていなければならない、というわけだ。すでに確認したように、観察から得られる証拠によってこの主張を裏づけることはできない。小さすぎて観察できないような隠れた部分があるかもしれないからである。他方で、理屈だけの力によってこの考え方が強制されることもないようにみえる。つまり、この世界には無限の複雑性が備わっていて、部分はどこまでも果てしなく小さくなっていくと仮定しても、矛盾は生じないように思われる。無限の複雑性がありえないことを示す決定的な論証は、存在しないように思われるのだ。したがって、単純なものがなければならないと信じている人は、なんらかの別の考えを基礎にしてそう信じているはずである。

原子論と呼ばれる哲学的立場がある。問題の主張の基礎になっているのはひょっとするとこの立場かもしれない。原子論に与するということは、原子ないし原子的部分が存在すると信じる、ということである。ここで「原子」という言葉は、その元来の意味で用いられている。つまり、ありうるもっとも小さなもの、それゆえ分割不可能であるもののことだ。化学の理論に現れる原子は、この意味で原子的であるわけではない。周期表に示されている原子の数々には、それぞれ陽子・中性子・電子が部分として含まれている。哲学的な意味での原子論者とは、ありうる最小の構成単位がどのようなものであれ、すべてはその最小単位から形成されている、と信じる人である。原子論者の考えによれば、少なくとも理論的には、各々の原子がどこに位置しているのか、そしてそれらがそれぞれどのようなあり方をしているのかを述べることだけによって、世界の完全な記述が手に入れられる。そうすることと「だけ」によって、という言い方をしたが、もちろんその作業は膨大なものになるはずだ。それは、人類史上これまで成し遂げられた他のどんな作業よりも巨大だろう。とはいえ、その作業は原理的には遂行可能だろうし、多くの場合、哲学者にとって重要なのはその点だけなのである。

前述のことから明らかなように、どのような形態の原子論であれ、それをとくに強く支持するような証拠は存在しない。原子論は証拠によって強制されたものというよりむしろ、すぐれて哲学的な立場なのである。自らの立場は科学的な精神に則ったものだと信じているような原子論者がいたとしても、それは同じである。いかなる意味でも、決定的な仕方で原子論が証明されているわけではないが、それでも、原子論は説得力のある仮説だと考える余地はおそらくあるだろう。

さて以上は、この章で本来論じるべき問題のいわば前置きのようなものである。ここで論じるべき当の問題とは、本章の冒頭で述べた、全体とその部分とのあいだの関係をめぐる問題である。全体は、なんらかの意味で、部分の総和以上のものだろうか。それとも、全体は部分の総和にすぎないだろうか。この問いはもしかすると奇妙なものにみえるかもしれない。しかし以下で明らかになる——と私は願うが——ように、実際のところこうした問いは、重大な哲学的意義をもっているのである。

たしかに、全体が部分の総和にすぎないようにみえる事例はたくさんある。例として、積み上げられた石の山を考えよう。一〇〇個ほどの石がその山に含まれていると想定してよい。その石の山は、一つの全体として捉えることができる。このときその山は、一〇〇個の別々の石を寄せ集めたものにすぎないようにみえる。しかしこの場合でも、全体がもつ諸々の性質のなかには、部分がもっている性質ではないものがある、ということがわかる。その石の山の高さが一メートルであると仮定しよう。山そのものとは異なり、その山に含まれている個々の石はいずれも、高さ一メートルではない。各々の石の高さは、それよりもかなり小さいわけである。だがこのような全体と部分の違いには、とくに驚くべきところはないと考えられるだろう。石の山の全体は、でこぼこしたピラミッド状の構造物として形成されている。個々の石の高さはどれもそれほど大きくないが、ある石が別の石のおよそてっぺんに乗せられるということがくりかえされ、それぞれの高さが合わさって全体として個々の石のいずれよりも大きな高さの山ができるように、それらの石が配列されている。それぞれの石の高さは、適切な配列があれば、全体の高さが生じる要因になりうるのである。こうして、石の山という全体に、その部分のもっていない性質が備わっているということは、部分とその配列によって完全に説明することができる。

ここまでのところは順調だが、もう少し複雑にみえる事例もある。もう一度、携帯電話について考えよう。携帯電話は、石の山と同じ特徴をいくつかもっている。たとえばその全長は、ひとえに部分の配列によって生じたものである。しかし、携帯電話がもっている性質のなかには、説明がそれほどかんたんではないものもあるように思われる。実際、携帯電話の諸々の機能は、説明するのがたいへん難しいものを含んでいる。たとえば音響信号の送受信という機能があり、それによって、距離を隔てて会話することが可能になっている。現行の携帯電話の大半は、その他にも広範囲にわたるさまざまな機能を備えている。たとえば、インターネットへのアクセス、写真の撮影と保存、音楽の再生などができる。

実に驚くべきこのような機能の数々は、長さの場合とは異なる種類の事例であるようにみえる。長さの場合には、全体の性質は部分がすでにもっているものであり、全体のほうがその量が大きいというだけだった。各々の部分がもつ長さが合わさって、全体の長さが生じたのである。それに対して、携帯電話がもっているはたらきのいくつかに関しては、当該の機能をほんの少しでももっているものが個々の部分のなかに含まれているようには思われない。それゆえ、そうした事例と長さの事例とのあいだには類比が成り立たないところがある。携帯電話の下半分の下半分は、おそらく全体の四分の一の長さをもっているだろう。それに対して、その部分によって四分の一の通話ができる、などということはない。こうした類比の不成立が示唆しているのは、次のことである。あるケースでは、性質は程度の違いを許容するものであり、全体のほうがそれをより多くもつという点だけで全体と部分が異なっている。しかし他のケースでは、部分がまったくもっていないような性質を全体が備えている。このような違いは、私たちの語り方に反映されることがある。たとえば、電話機は全体としてのみ「電話機」と呼ばれるのであって、電話機の部分はいずれも電話機ではない。それに対して、積み上げられた石の山の場合には、全体に帰属させられている性質のいくつか——その高さなど——は、全体より小さな程度においてではあるが部分にも帰属させることができるものである。

うそ偽りのない、真実の全体

ここまでの議論では、さまざまなことを前提してきた。もし読者が職業哲学者になるのだとすると、そうした前提を見抜いて批判する訓練を受けることになるだろう。しかし、それを実践してもあまり有益にならないこともあるので、ここではすぐに次の議論へと移ることにしたい。とくに以下では、ある一つの興味ぶかい区別に注意を促したいと思っている。

前節で、全体の具体例として二つのものを挙げ、それらがどのように異なるのかを論じたが、ひょっとすると、それら二つの例のあいだには大きな違いがあるということが最初から明らかだったかもしれない。第一の事例において考えていたのは、ばらばらの部分のたんなる寄せ集めである。それゆえたとえば、その石の山のてっぺんから石を一つ取り、それをどこかに持っていって別の山に加える、ということができる。それに対して携帯電話は、ばらばらの部分の寄せ集めなどではなく、一つに統合された全体である。それゆえ、上半分を引っぱれば下半分もそれと一緒に動く。携帯電話は、各々の部分が適切な仕方で連結されることによって作りあげられているのである。ただしそうは言っても、携帯電話を破壊してばらばらにすることができないというわけではないし、携帯電話の覆い部分をこじあけることができないというわけでもない。そのようなことをしたときには、携帯電話もまた、その諸々の部分をたんに積み上げただけのものになってしまうかもしれない。しかしそのときが来ないかぎりは、石の山にはない統一性が携帯電話に備わり続けているように思われる。このことを理由に哲学者は、実体——すなわち、統合された全体——と、たんなる寄せ集めとを区別することがある。

この区別には一定の重要性がある。石の山のなかのいくつかを別の石と取り替えれば、そのことによって、これまでとは別の山ができたことになる。というのも、ここでの前提として、たんなる寄せ集めの同一性はそれにどのような部分が含まれているかによって決定される、と考えているからだ。つまり、部分の集合として異なるものを用意すれば、異なる寄せ集めができることになるのである(ただし、なんらかの同じ部分が異なる時点において異なる寄せ集めに含まれている、ということはありうる)。一方、私の携帯電話の一部——たとえばその覆い部分を考えてみればよい——を別のものに取り替えたとしても、そのことによって別の携帯電話ができるわけではない(ここでの「別」は、第1章で論じた数的同一性の意味での「別」である)。実体は、その部分の変化を通じて存在し続けることができるのである。それに対してたんなる寄せ集めは、同じような仕方で存在し続けることはできない。

本章の残りの議論で扱う事例はどれも、このような意味での実体、すなわち統合された全体に関わるものである。そうした事例を扱うのは、それらによって、実に取り組みがいのある問いがいくつか提起されるからである。携帯電話にはかかってきた電話を受信するという機能が備わっているが、携帯電話の部分にはその機能はない。ここで考えるべきなのは次の問いだ——全体がもっているこの機能を、部分を引きあいに出すことによって完全に説明することはできるのか。

石の山を考えていたときには、全体の高さは――実のところ、同じことは全体の形についても言えるのだが――部分とその配列の仕方によって生じたものにすぎないと思われた。しかしその種のことは、統合された全体がもつさまざまな性質、とりわけ、そうした全体に備わる高度に特殊な機能の数々、少なくともそのいくつかに関して、同じようにあてはまるだろうか。おそらく、そうした全体であっても同様のことが成り立つと言えるだろう。小さな携帯電話がどのようにして通話を可能にし、電子メールを送り、音楽を再生することができるのか、私にはわからない。そうした機能は魔法の力によるものであるかのようにみえる、と言ってもよい。だが私は、それらが本当に魔法であるわけではないとも思っている。そうした機能を実現するのはどのような部分なのか、そして携帯電話がきちんと作動するためにそれらの部分はどのように配列されなければならないのか、ということを知っている技術者が、どこかにいるからである。工場の作業員たちは、詳細な仕様書にしたがってそれら諸々の部分を組み合わせたはずだ。その技術を理解している人はだれであれ、携帯電話という全体がもつ性質と機能が、それぞれどのようにして当のさまざまな部分から生じうるのかを理解しているだろう。だとすれば、その意味においては、携帯電話という全体はその部分――ただし正しく配列されたかぎりでのそれら――の総和である、と言えることになる。

しかしながら、今まで考えていたのとは異なる事例があって、それらの事例においてはまさにこの考え方が疑いの対象となってきた。ある種の質は、きわめて特殊であるがゆえに、実在のうちのある特定の高次レベル〔すなわち、ある一定の複雑性を備えた複合的物体〕において**創発**する、つまり突如として現れるものだと考えられている。それより下のいかなるレベルにおいても、類似の質はまったく見いだされないわけである。なるほど机のようなものは、その部分のたんなる寄せ集めとして——四つの木製の脚が一つの平らな木製の天板の下に配置されたものとして——捉えることができる。しかし、たとえば人間を、さまざまな肉と骨の断片が特定の仕方で配列されたにすぎないものとして捉えることはできるだろうか。人間は、一つの生命体である。そして生命は、一つの有機体の全体に備わる性質なのであって、その部分にはまったく見いだせないものであるように思われる。同種の事例にみえるものとしてはさらに、意識ないし心を挙げることができる。私たちは、生命体であるだけでなく、思考するものでもある。つまり、たんに生命活動を営むことができるだけでなく、痛みや痒みや色といった感覚を経験すること、そしてそれらについて反省を加えることができる。心的なものは、物的なものを引きあいに出すことによって、とりわけ脳に注目することによって、完全に説明することができる現象なのだろうか。それとも、心的なものはまったく新しい特別な種類の質、すなわち、自然の世界のうちのある特定のレベルにおいて初めて創発するものなのだろうか。

この問題に対して哲学者がとりうる立場は、大きく分けて二つある。一つは**還元主義**だ。全体のはたらきはいずれも、究極的には部分を引きあいに出すことによって完全に説明できる——そう主張する人々が還元主義者である。どのようにして脳から意識が生じうるのかの詳細はまだ完全にはわかっていない、ということは還元主義者も認めるかもしれない。しかし、還元主義者の信じるところによれば、いずれ科学があらゆる事実を発見したとき、私たちは問題の仕組みの詳細を完全に知ることができる。これは一つの哲学的な立場であり、還元主義の正しさがすでに証明されているわけではない。しかしながら、部分によって全体が説明される事例が十分たくさんあるということはすでにわかっているのだから、その多さをふまえるならば、そこから一般化し、どの事例においてもそうした説明ができると考えるべきだ——還元主義に魅力を感じる人々はそう考えている。

この考え方と対立するのが、**創発主義**である。創発主義は、全体は部分の総和には尽きないと主張するが、そうした考えを表現する仕方の候補は多様であり、さまざまな創発主義者のあいだでまったく同じ立場が支持されているというわけではないかもしれない。問題の考えが表現される一つの仕方において引きあいに出されるのは、私たちの知識に関する事実である。とくに、私たちが仮にそれを知ったとすれば驚くはずだと言えるのはどのようなことか、あるいは、私たちはどこまでのことを予測することができるのか、という点に関する事実が持ちだされる。たとえば、私たちが脳についてのあらゆる事実を知っていて、脳のなかでニューロンがはたらく仕組みも完全にわかっていると仮定したとき、それでもなお、意識という現象や、なにかを経験するときの主観的な感じを予測することはできないはずだ、と主張されることがある。この主張によれば、神経科学者は、たとえば私たちが赤いものを知覚するときに脳のなかでなにが起こっているのかを正確に知っているかもしれないが、そのような神経科学者であっても、赤を見るとはどのような感じなのかがわかるのは、赤いものを自ら実際に経験したときだけである。それゆえ、もし赤いものを一度も見たことがないとすれば、すでに獲得した神経科学的知識があっても、赤を見るとはどのようなことなのかを知らないことになる。

だがひょっとすると、しかじかのものが私たちにとって驚くべきものとして現れる、というのは、私たちの心理に関する事実にすぎないのであって、創発主義が主張しているはずのことはそれによって正しく捉えられていないかもしれない。そういうわけで、創発主義を表現する二つめの仕方においては、なにが私たちに驚きをあたえるかについての理論としてではなく、なにが存在するのかについての理論として創発主義が理解される。全体においては真に新しい現象が存在するのであり、その現象は諸々の部分にも、その総和にも、その特定の配列にも見られないものだ——創発主義者が実際に主張しているのはこのことだとされる。還元主義が正しい考えなのか否か、また、完全に単純なものが存在するか否かを明らかにするのが難しいのとまったく同様に、こうした創発主義が正しいのかどうかを明らかにすることも困難である。現状では、いかにして心が身体のさまざまな部分から創発するのかについて、詳しい説明はなにも得られていない。しかしそのことは、ひとえに私たちの無知によるのかもしれない。たしかに、この点を説明してくれるような、正しいと証明された理論はまだないし、そんな理論がどうやったら誕生しうるかも、今の私たちにはほとんど想像がつかない。とはいえ私たちは過去の歴史から、科学がその進歩によっていかに私たちを驚かせることがあるかを知っているのである。

基礎を求めてなにがそんなに楽しいのか

世界はどのように成り立っているのか。そして、世界について探究するさまざまな科学はそれぞれ互いにどのような関係にあるのか。こうした問いへの答えとして提示しうる描像には、二つのものがある。一つは、世界を逆ピラミッドのように捉えるものである。その最下層には一つの科学があり、他のすべてはそれに基づいているとされる。大半の還元主義者の考えでは、最下層にあるのは物理科学である。とくに、素粒子とそれを支配する法則とを扱う基礎物理学がその位置にあるとされるだろう。物理学の上には化学のような他の諸科学が置かれ、それらの上には生物学が置かれるはずだ。さらにその上には、心理学、経済学、社会学、人類学といった「科学」があるだろう。しかし究極的には、すべては物理学に基づいており、どんなことも物理学によって説明される——還元主義者はそう考える。いかなる真理についても、それがまさに真であるのは、基礎的な粒子の特定の配列と物理学の法則があるからだ、というわけである。

これと対立する描像においては、少なくともいくつかの科学は互いにある程度の独立性をもっている。例として生物学を考えよう。ただし、生命は右でみたような意味での創発的性質であるとしておく。一部の人々は、あらゆる生物学的真理を生化学的真理に還元しようとしてきた。そうした人々によれば、生物学が問題にしているのは結局のところDNA以外のなにものでもない。そして、DNA〔についての真理〕は化学的真理へと、また究極的には物理学的真理へと還元することができる、とされる。しかし、このような主張に反して、部分の総和には尽きない全体として生物を説明しなければならないことを示す、説得力のある根拠がいくつか存在する。たとえば進化論の自然選択説において、選択がはたらく対象はかなり高次の性質である。キリンに対して、食べ物を得るときに競争相手よりも有利になるという状況を生みだすのは、キリンが長い首をもつということであって、キリンのDNAに直接的に関係していることではまったくない。

ある見方をすれば、一つの全体としての生物は、全体のレベルで必要となるものを得る手段として自らのDNAを利用しているように思われる。それが正しければ、キリンという全体に備わる観察可能な巨視的性質が、キリンについての微視的な物理学的事実によって決定されている、ということはないはずであり、それどころか実際は逆のはずである。生物は、生き死にや捕食や飢えをくりかえし、ときには生殖を行うが、それらが起こるのは生物の全体においてなのであって、その遺伝子やそれを構成する分子においてではない。ある人の遺伝子が散歩に出かけた、などというのは混乱した言い方に聞こえる。歩くのは人に他ならないからだ。同様に、ものを見るのは人に他ならない。目でさえも、なにかを見ているわけではない。目は、私たちがものを見るのに使う器官にすぎないからである。また、私たちの体のさまざまな部分は、それ自身が生きているとか有機体であるとか言われることもあるが、いずれも一つの生物ではないし、全体から切り離されてしまえばそう長くないうちに壊死してしまうだろう。手が体から切り離されたときにどれだけ長く壊死せずにいられるかを考えてみればよい(そういえば、一九四六年公開の『五本指の野獣』という映画を観たことがある。しかしあの映画はただの空想にすぎない)。[*3]

これらの考察は決定的なものではないが、ある考え方に少なくとも一定の魅力があることを示していると言えるかもしれない。その考え方は、**全体論**と呼ばれている。全体はある意味で、部分に対して先行性をもっている——これが全体論のアイディアだ。先行性という概念は、多様な仕方で説明することができる。全体は部分に先行しているという考えがどのように還元主義者によって否定されることになるかは、すでにこれまでの議論で確認している。還元主義者は、部分についての事実によって全体についての事実が決定されると主張するのだった。全体論者はこの主張にさまざまな仕方で応答することができるが、それもすでに確認している。一つのやり方は、進化における選択のような事例を引きあいに出す、というものだった。そうした事例においては、全体についての事実が部分についての事実を決定しているようにみえる。還元主義を拒否する方法としてはさらに、本章の標題になっている問いに否定的に答える、というのもあった。つまり、全体は実際のところ、たんなる部分の総和と配列には尽きないものだと主張するのである。

　心の哲学と生物学の哲学では、どちらにおいても、還元主義と創発主義をめぐる問題が現在の論争の中心部に位置している。この問題領域で形而上学が果たすべき役割は、創発主義が正しいとすればそれはなにを意味するのか、ということの明確化だ。私たちはまだその内容を明確にできてはおらず、この点に関するさらなる進歩は、未来の形而上学者たちによってもたらされることが望まれる。あるものがその部分以上のものであるとはどのようなことか——それは今後さらに探究しなければならない問題なのである。

＊1　厳密に言えば、本書における「部分」は「真部分(proper part)」を意味している。つまり本書の用法では——それは日常的な用法でもあるが——ある物体の全体それ自身は、その物体の部分とはみなされない。

＊2　部分 - 全体関係(の形式的理論であるメレオロジー)をめぐる議論では、'sum'はたんに「和」と訳されることが多い('mereological sum'はふつう「メレオロジー的和」と訳される)が、本書では一貫して「総和」と訳している。

＊3　『五本指の野獣 *The Beast with Five Fingers*』は、作家ウィリアム・フライヤー・ハーヴェイ(一八八五―一九三七)による同名の短編小説(鹿谷俊夫訳「五本指のけだもの」、『アンソロジー　恐怖と幻想』第三巻、月刊ペン社、一九七一年、一二一―一五三頁)を原作としてロバート・フローリー(一九〇〇―七九)が監督したホラー映画である(ブロードウェイ社から『五本指の野獣』の邦題でＤＶＤが発売されている)。劇中では、死んだピアニストの手だけが縦横無尽に動きまわる様子が描かれている。

第４章　変化とはなにか

これまでの議論で関心の的になっていたのは、もっとも一般的な意味においてなにがあるのか、ということだった。机、椅子、携帯電話、人、キリンが存在することを私は知っているが、一般的な概念を用いるなら、個別者とその性質が――そして場合によっては、個別者の部分が――存在する、と言うこともできる。これ以上に抽象的な言い方をすることはほとんどできないだろう。しかし、こうした一般的なレベルで議論がなされていた一方で、これまで私たちの思考を主導していたのは、あくまでも中間サイズの物理的な物体の例であり、そのことが懸念の種になる可能性もある。たしかに私たちの周りにはそうしたものがたくさんあるけれども、だからといって、そうしたものしか存在しないとすぐに考えるべきではない。すべての物体(every thing)を記述したとしても、それによって、ありとあらゆるもの(everything)を記述したことになるかどうかはまったく明らかでないのだ。もちろん、これは哲学者の口からよく出てくる不明瞭で逆説的な言明のように聞こえるだろうが、それでも、そこで言われたこと自体は正しいかもしれない。たしかに、「もの」という言葉は物体を表すのに使われることが多く、しかもそのほとんどの場合、話題となっているのは物理的な物体だろう。しかし、ありとあらゆるものがそうした物体であるとはかぎらないのである。*1

茶碗、猫、木といった個別者があり、赤さ、脆さ、四つ脚性といった性質がある。これらについてはすでに論じた。だが、人が頬を赤らめる、毛虫が蝶になる、鉄の棒が熱くなる、本が机から落ちる、といったことはどうなるのだろう。これらはそれぞれ、なにかが変化するということを含む、一つの出来事である。また、日光によるトマトの成熟、第二次世界大戦、小さな赤ん坊から老人への成長、といったような、より大きなプロセスはどうなるのか。さらに、宇宙全体の開闢《かいびゃく》から終焉に至る歴史についてはどう考えるのか。こうした出来事やプロセスは、たしかに実在の一部であるようにみえる。私たちはそれらが存在することを否定したいとは思わない。それらは各々、この世界に備わる一つの特徴として実在性をもつのだ。しかし、右に挙げたような個別者とその性質について語っているだけだと、出来事やプロセスは抜け落ちてしまうように思われる。これまで話題となっていたような個別者と、そのすべての性質を列挙することによって得られるのは――なにか突飛な手だてを講じないかぎりは――ある一つの時点で世界になにがあるか、ということに関する静的な記述だけである。しかし、なにかが変化するということも、他のものにまったく劣らずこの世界の一部であるようにみえる。変化なくしては、なにごとも起こらないだろう。したがって、変化〔を含む出来事やプロセス〕を存在者のリストに加えて、それに関する説明をあたえなければならない。

なにが起きているのか

人生のなかではいろいろな出来事が起こるものだ。そのことを——たとえそれらがすべて夢だったとしても——私たちはたしかに知っている。では、出来事とはなんなのか。出来事は必ず、なにかが変化するということなのだろうか。またプロセスは、出来事とは異なるものなのだろうか。まずは出来事について考察することにしよう。

注意しなければならないのは、出来事については少なくとも二つの捉え方があるという点だ。そのうちの一つは、出来事が静的である——すなわち、変化を含まない——ことを許容する。このような捉え方においては、あるドアが正午の時点で茶色い、ということは一つの出来事とみなされる。これは、〈ドアが正午の時点で茶色いこと〉を分類するやり方として最適だろうか。その種のものは事実と呼ぶのが一番よいかもしれない。その理由は、こうした類のものにおいてはなにごとも起こっていない——つまり、なにも変化してない——から、ということに他ならない。もっとも、この点は各人の好みの問題にすぎないとも言える。自分がどの捉え方を採用しているかをはっきり自覚しているかぎりは、なにを出来事と呼んでも自由だ。とはいえ私は以後、少なくともなんらかの変化が含まれているものとして出来事を捉える見方にしたがうことにする。本章で主な焦点となるのは、まさに変化という現象だからである。

右でプロセスにも言及したが、変化が含まれていなければならないという点は、プロセスの場合にいっそう明らかである。プロセスには、一つどころか数多くの変化が含まれている。出来事はただ一つの変化を含むものとして捉えることができるかもしれないが、プロセスという概念は、複数の変化がある特定の順序で起こっていることを含意するようにみえる〔このことを、部分‐全体関係に着目して捉えなおしてみよう〕。一つの物体が別の物体と部分‐全体関係をもつことがあるのとまったく同様に、出来事どうしのあいだにも部分‐全体関係が成り立ちうると思われる。つまり、ある種の出来事には、別の出来事が部分として包含されているのだ。たとえば、隣人に向かって「おはようございます」と言うことには、「おはよう」と言うことと、「ございます」と言うことの二つの出来事が部分として包含されている。一方、プロセスに関しては、さらに長時間にわたって起こるような、より複雑な変化が含まれている場合もあると思われる。そうであるとすれば、プロセスがその部分として包含しうるものはきわめて多種多様であることになる。たとえば、第二次世界大戦はスターリングラードの戦いをその一部として包含しているし、同様に後者は、ある銃から銃弾が発射されることをその一部として包含している。

出来事という概念とプロセスという概念が互いに密接に結びついているのは間違いない。実際のところ、両者のあいだには曖昧な区分線しかないのかもしれない。プロセスとして考えているものをどんどん小さくしていったとき、いったいどこで、たんなる一つの出来事になるのか。また逆に、出来事として考えているものをどんどん大きくしていったとき、いったいどこで、一つのプロセスになるのか。そこには、それほどはっきりした境界線を引くことができないかもしれないのである。しかし少なくとも、プロセスの概念は、二つ以上の変化がある特定の順序で並んだ複雑な系列が存在することを示唆している、と主張することはなお許されるだろう。このとき、その「順序」というのが重要になる。変化の並ぶ順序を変えれば、それによって異なるプロセスができることになるからだ。たとえば、家を建てることは一つのプロセスだが、その順序を逆にすれば、家の取り壊しと言えるような別のプロセスができる。したがって、変化という概念は出来事とプロセスのいずれにおいても重要であるはずだ、ということがわかる。変化にまつわる問題について、より詳しく考察しなければならない。

変化を被りうるものなどあるのか

第1章で個別者について論じたとき、数的同一性——同じ一つのものであること——という概念が導入された。これを明確に言葉にしようとすると混乱が生じやすい。私たちは、あるものが別のものとまさしく同じであるのはどのようなときか、ということを知りたいはずなのだが、それらが同じものであるとすれば、実は一つのものしかないことになるからである。このことを理由に一部の哲学者は、同一性は関係ではありえないと主張してきた。つまり、同一性が本当に成り立っているとすれば一つのものしかないのに対して、真正の関係はいずれも少なくとも二つのものを関係づけるのだから、同一性は関係ではありえない、というわけだ。

変化が起こるときには、その変化を通じて同一であり続けるものがなければならない——こう言えるとすれば、それはなぜだろうか。次のことがその理由だ——二〇一〇年に髪の生えた男がいて、二〇二〇年に髪の生えていない男がいるとしよう。この情報をもとに言えるのは、もし変化が起きたのだとすれば、二〇一〇年にいる髪の生えた男は二〇二〇年にいる髪の生えていない男と同じ人だ、ということである。時を隔てて同一の男がいるのであれば、なにかが起こった——すなわち、なにかが変化した——と言えることになる。つまり、ある男が禿げた、というわけだ。二〇一〇年に髪の生えた男はたくさんいたし、二〇二〇年に髪の生えていない男がたくさんいることも間違いないだろう。だが、変化が起きたと言えるためには、髪の生えた男が髪の生えていない男になったのでなければならない。禿げるということを経験した、ある単一の物体が存在していなければならないのである。変化は主体を必要とする、というこの考えは、アリストテレスのものとされることが多い[*2]（実際のところ、形而上学的探究の大部分はアリストテレスに由来している）。

　規模の小さな変化についてはいずれも、今しがた述べたのと同様のことが言えると思われる。他方で、規模の大きなプロセスを考えたときには、なにが変化の主体であるのかが明らかでなくなる場合もある。たとえば、第二次世界大戦における変化の主体はなにか。世界だ、と言ってよいだろうか。また、複数の主体が関わるような変化もある。例として、一つの物体から別の物体へとエネルギーが伝わる、という変化を考えよう。二つのスヌーカーの玉がぶつかることを考えてみればよい。このとき、エネルギーの伝達は、エネルギーが移動するということによって成り立つただ一つの変化なのだろうか。それとも、この場合には実のところ、突き玉がエネルギーを失うという変化と、的玉《まとだま》がエネルギーを得るという変化、この二つの別々の変化があるのだろうか。いくつの変化があるのか、というのはけっしてかんたんな問題ではない。変化を数えるためには、実質的な仕方でなんらかの哲学理論に依拠せざるをえないのである。

そうした理論の一つは次のようなものだ——変化にはさまざまな種類がある。ある性質を獲得／喪失するという変化もあれば、なにかが存在し始める／存在しなくなるという変化もある。さらに、ある特定の性質をもつ仕方が変わる、という変化もある。これらの種類のそれぞれについて、より詳しく説明していこう。

その説明には、個別者およびその性質という二つの概念がともに用いられる。一つの個別者が、ある時点で特定の性質をもっている状況を想定しよう。例として、ある時点でトマトが丸い、と考えてみる。さらに、それから後の特定の時点において、そのトマトはもはや丸いという性質をもっていない、としよう。このとき、ある変化が起きた、と言える。もちろん、当該の二つの時点のあいだで、そのトマトは最初の丸さの代わりに別の性質を獲得した、と想定してよい。たとえば、トラックが通ったときに車輪の下敷きとなって押しつぶされ、ぺしゃんこになってしまったと考えよう。この場合も、ある変化が起きたと言うことができる。しかし、その変化は一つだけだろうか。それとも二つだろうか。一つの性質が別の性質と引き替えに現れるという、ただ一つの出来事が起こったのか。それとも、丸さの喪失と平らさの獲得という、互いに関連してはいるがあくまでも別個の二つの出来事が起こったのか。

先ほど述べたように、特定の性質をもつ仕方が変わる、というのも変化の一種だ。ここで念頭に置いているのは、ある物体が長さという性質をもっていて、その長さが大きくなる（あるいは小さくなる)、といったような事例である。たとえば、先ほどのトマトの隣にあるキュウリが成長して、その長さが二〇センチメートルから三〇センチメートルになったと想定しよう。このとき、ある変化が起こったと言えるのはたしかである。しかも、その変化が漸進的なものだということも——キュウリの長さが二〇センチメートルから三〇センチメートルへと至るにあたって、一挙にしてそのように大きくなったのではなく、その二つのあいだにある途中の長さをすべて経由した、と考えるかぎりは——間違いない。その点で、問題の変化は一つのプロセスであるようにみえる。しかしこの事例において肝心な点は、長さという一つの性質に、程度の差、つまり大小の違いがあるということだ。長さは、さまざまな量のもとで現れうる性質だ、と言ってもよい。同じことを次のような言い方で捉えることもできる——〈長さ〉という確定可能な概念に、種々の確定的な長さが属している。つまり、キュウリはその成長の過程において、〈長さ〉という一つの確定可能な性質を保ち続けているが、その一方で、ある特定の長さを別の特定の長さと引き替えに獲得するという仕方で、確定的な長さを次々に変化させているのである。

先ほど変化の種類として挙げたもののなかには、さらに別のものも含まれていた。なにかが存在し始める/存在しなくなる、という変化だ。この場合には、ある物体の性質に変化が起こるのではなく、その物体そのものに変化が起こる。つまり、これまで存在していなかったものが新たに存在し始める、あるいは、これまで存在していたものがもはや存在しなくなる、ということである。だが、あるものが存在し始める/存在しなくなる、という概念は大きな困惑を引き起こす。たとえば、一台の新しい自動車が、工場の製造ラインで組み立てられることによってある時点で初めて作りだされた、と考えることには一見するとなにも問題はない。さらに、その自動車は数年後にスクラップ置き場へと移動されて破壊された、と考えることもできるようにみえる。しかしひょっとすると、本当の意味で作りだされたり破壊されたりするものはなにもないのだ――たんに、諸々の部分(のそのまた部分)がさまざまな組み合わせ方で一つにまとめられるということ、そしてそれが分解されて諸々の部分が別の場所で使われるということが起きているだけだ――と言うべきなのかもしれない。エネルギーそのものは生成させることも消滅させることもできない、と学校で習ったのを読者は覚えているだろうか。それを聞いてあなたは不思議な気分になる。じゃあそもそもエネルギーはどこからやってきたんだろうか、と。とはいえここでは、この種の困惑をめぐってあまりじっくりと考える必要はない。というのも、変化が起きたと言えるためには、存在し始める／存在しなくなるということが右のような比較的弱い意味において――諸々の部分から一つの新しい全体ができる／ある全体が分解されて諸々の部分がばらばらになる、という意味において――成立しているだけでよいからである。私の車が解体されたとすれば、たとえそれを構成していた諸々の部分(のそのまた部分)が存在し続けるとしても、ある変化が起こったということは問題なく言えるのである。

しかしながら、以上のようにして変化を捉える理論に疑念を抱く人もいる。変化においては主体が存在し、その主体が当の変化を通じて耐続している［すなわち、複数の時点にわたって数的に同一なものとして(変化を耐えながら)存在し続けている］というアリストテレス的な考えは、時代を下るにしたがって問題視されるようになってきたのである。[*3] その原因は、空間と時間に関する捉え方の変遷——比較的最近になって、両者の類似性が強調されるようになったこと——にあるかもしれない。これは説明が必要だ。

私たち人間の体は、さまざまな空間的部分をもっている。人体には上半身と下半身があり、腕、心臓、つま先があって、その他にも実にたくさんの部分があるわけだが、これらはいずれも、体の空間的部分——すなわち、一定の空間的領域を占める部分——であると考えることができるだろう。だがそうであるとすれば、時間的部分——一定の時間的区間を占める部分——もまた存在すると考えてはいけない理由があるだろうか。ある人体には、たとえば二〇一〇年に存在した部分があり、またそれとは別に、一九七〇年に存在した部分がある。さらに、今日の昼の一二時五分の一分間だけ存在した部分もある。もし空間と時間が互いによく似ているのだとすれば、その類似性はたしかに、こういった時間的部分の存在を示唆している。

このことが今重要なのは、一部の哲学者はまさに時間的部分を持ちだすことで変化をうまく説明できるはずだと考えたからである。そうした哲学者が問題視するのは次のことだ——旧来のアリストテレス的な理論においては、物体が変化を通じて耐続するとされるため、相異なる複数の質が同一の個別者に帰属されざるをえない。たとえば、一つのトマトが緑色であるという性質と赤色であるという性質を両方とももつことになるし、一本のキュウリが長さ二〇センチメートルであるという性質と長さ三〇センチメートルであるという性質を両方とももつことになる。しかし、物体には時間的部分があるという考えを受けいれるとすれば、そうした両立不可能な性質をもつのは相異なる複数の物体だと主張することができる。つまり、緑色であるのはトマトの時間的部分の一つであり、赤色であるのはそれとは別の時間的部分である、というわけだ。空間との類比はここにおいても成り立つ。あるトマトが赤色であり、かつ緑色である、と聞いても、赤色であるのがそのトマトの空間的部分の一つであり、緑色であるのがそれとは別の空間的部分であるならば、その物言いに驚きを感じることはないはずだ。両立不可能な性質をもつのは相異なる複数の部分に他ならないとすれば――その部分が空間的なものであれ時間的なものであれ――矛盾のようにみえたものは完全に消えてしまうのである。

余すところなく現れるということ

時間的部分の存在を受けいれないとすれば、物体が両立不可能な性質をもちうるようにみえるのはなぜかについて、別の説明の仕方を探さなければならない。アリストテレス的な理論によれば、個別者は、それが存在するどの時点においても余すところなく現れている。つまり、赤いのはトマトの時間的部分ではなくトマトの全体である、というわけだ。実際、私たちは「このトマトは赤い」といった言い方はするが、「トマトのこの時間的部分は赤い」という言い方はしない。もっともこれに対しては、言葉の使われ方は形而上学にとって信頼できる手がかりではまったくない、という応答があるかもしれない。

アリストテレス的な考え方は、余すところなく現れている個別者が変化を通じて耐続すると主張することから、**耐続主義**という名で知られている。だがこの考え方は、物体が両立不可能な性質をもつようにみえるということをどのようにして説明できるのか。答えはもちろん、そうした両立不可能な性質は複数の異なる時点において所有される――たとえば、このトマトは先週は緑色だったが今週は赤色である――というものだ。しかし、この応答はコストをともなう。というのも、このように考えると、性質が個別的物体によって端的に所有されるわけではなくなってしまうからである。性質は必ず、ある特定の時点という、物体とは別のものに相対的な仕方で所有されなければならないことになる。このことは、性質をもつとはどういうことかについての説明を複雑なものにしてしまう。それに対して、時間的部分が存在すると考える立場――こちらは〔物体は時間を通じて延び広がっていると主張することから〕**延続主義**という名で知られている――は、時間的部分は性質を端的にもつのであって、なにか他に関係的な要素がそこへ入りこむ必要はまったくない、と主張することができる。

延続主義者によれば、ものが変化するという現象は、相反する諸性質を単一のものがもつということとしてではなく、相異なる複数のもの――つまり複数の時間的部分――がそれらの性質を別々にもつこととして捉える必要がある。この考え方が変化の説明を意図したものであるならば、そうした時間的部分それ自体は、いずれも変化を欠いているのでなければならない。仮に時間的部分がそれ自体なんらかの変化を被りうるとすると、そもそも延続主義を動機づけていた問題が再び姿を現すことになるからだ。それゆえまた、どんなにわずかな変化であっても、〔当の変化の前後に現れる性質の各々について〕それと対応する時間的部分が存在しなければならない、ということも明らかである。

このようにして変化を説明するためには、たんに時間的部分を引きあいに出すというだけでなく、変化の概念を日常的な見方とは根本的に異なる仕方で捉えなおす必要があるだろう。変化の主体が存在して、それが性質の変化を通じて耐続する、という見方は捨てなければならない。そのように捉えるのではなく、静的な性質をもつものの系列――それに属するものはいずれも、その直前・直後に位置するものと質的にごくわずかにしか異なっていない――が存在するだけだ、と捉えることになる。したがって変化とは、ある意味で、そのような時間的部分の系列が作りだす幻想だということになるだろう。とはいえ、この見方は私たちにとってなじみのないものというわけではない。昔の映画の上映に使われていたフィルムが、これとよく似たアイディアによるものだからだ。一本のフィルムに含まれる個々のコマは、いずれもそれ自体としては変化を欠いた、一つの静止画である。しかしそれらの静止画は、特定の順番に並べられた状態で、ある装置に取り付けられる。その装置は、それぞれのコマを非常に速いスピードで次々と投映することができる。静止画の集まりであっても、そのようにして高速で入れ替わり立ち替わり目の前に現れると、そこに登場するものがあたかも動いているかのように見えるのだ。延続主義者の考えでは、私たちの世界はこれときわめてよく似た仕組みで移ろっているのである。

しかしながら、このような理論の正しさを疑わせる、説得力のある根拠がいくつか存在する。第一に、右に述べたものは変化についての理論であるというよりも、ある種の変化が存在することの否定であるようにみえる。時間的部分はいずれも完全に変化を欠いたものであり、それゆえ、変化の種類として先述したものがすべて、(時間的部分が)存在し始める/存在しなくなるということに帰着するからだ。第二に――こちらのほうがより重要かもしれないが――物体とは時間的部分の系列であるという考えには問題がある。したがって、その考えから導かれる変化の説明もまた問題を抱えることになる。

変化を欠く時間的部分の集まりが引きあいに出されるとき、その各々はどのような意味で、同じものに属していると考えられるのか。右の理論を文字どおりに受けいれるならば、まず一つの物体があって、そしてそれに属する時間的部分がある、というわけではない。すでに確認したように、耐続するものは存在しないとされるからだ。私たちが物体として捉えているものは、そうした日常的な見方に反して、静的な部分の系列から成る一種の構築物にすぎない、とされるのである。したがって時間的部分の集まりは、耐続する物体として捉えられているものを構築できるように、ある適切な仕方で互いに結びつきあっていなければならない。そうだとすれば、諸々の時間的部分のあいだに成り立つ当の適切な関係を探しださなければならない、ということになる。その関係の成立にとって必要な条件の一つは、時間的部分どうしのあいだに時間的な前後の順序がある、ということだろう。というのも、任意の二つの相異なる時間的部分について、もしそれらが同時点に存在するならば、それらは同じものの部分ではありえない、と言えるように思われるからである。また、時間的部分どうしが因果的につながっている――すなわち、より前にある時間的部分が原因となって、より後にある時間的部分が存在するという結果が起こっている――ということも必要であるかもしれない(因果は次章の主題である)。

いずれにしても、変化が起こったという言い方が可能になるのに先立って、個別的物体として捉えられているものを時間的部分の系列からなんらかの適切な仕方で構築しておく必要があると思われる。つまり、ひとりの男が歳を重ねて禿げた、と言うためにはまず、諸々の時間的部分をなんらかの仕方で互いに関係づけることによって、それらの時間的部分から当該の男を作りあげなければならない、ということだ。そもそも、議論の出発点で問題となっていたのは、二〇一〇年にいる髪の毛ふさふさの男が二〇二〇年にいる禿げた男と同じ人であるときにかぎって、ある変化が起こったという言い方ができる、ということだった。だが以上の議論をふまえれば、当の同一性を示すということは、その髪の毛ふさふさの男と禿げた男が適切に関係しあっていることを示す、ということに決定的に依存していることになるだろう。

そういうわけで延続主義は、そのような諸々の相異なる時間的部分を適切に結びつける、という課題を抱えているのである。しかし、変化という現象が、究極的には変化を欠いた要素から成り立っているということを、私たちは本当に信じたいと思うだろうか。私たちが身の周りで出会う、なめらかな変化のように見えるものは、実は静的な部分の系列にすぎない――そんな考え方に本当に説得力があるのだろうか。もしそれが正しいとすれば、この世界は、一つの状態から別の状態へと飛び移っていくような、つぎはぎだらけの不連続なものであることになるだろう(もっとも、当の飛び移りはきわめて素早いため、私たちはそれぞれの状態のつなぎめに気がつかないのだ、とされるわけだが)。

ここにおいて、耐続主義の魅力が再評価される——ただし、一定の修正を加えたかたちで——という可能性がある。耐続主義が正しければ、連続的に変化しているものとして世界を捉えることができるかもしれない。連続的で、時間的に広がりのある変化とは、一つのプロセスだろう。そうだとすれば、この世界は、変化を欠いた時間的部分の系列から作りあげられているのではなく、それ自体として動的な諸々のプロセスから構成されている、と考える余地がある。つまり、私たちの世界で起こっているさまざまなプロセスはそれぞれ、なめらかで分割不可能な、一つの統合された全体として現れている、と考えるのである。

たとえば、砂糖が紅茶のなかで溶ける、ということを考えたとき、それは自然に生じた一つの連続的なプロセスであるようにみえる。延続主義の説明にしたがうならば、これは実のところ、ばらばらの時間的部分が集まったものなのであって、それらがたまたま適切な仕方で関係しあい、その結果として私たちによって一つにまとめあげられているにすぎない、ということになるだろう。しかし、問題のプロセスに含まれるそうした諸々の部分はおそらく、いずれも当のプロセスにとって本質的なものだ。あるものが溶解性をもつとは、そこに問題のプロセスが生じる傾向があるということであり、溶解性をもつことにとって、当のプロセスがまさにそのようなあり方をしていることは不可欠である。同じことは、他の多くのプロセスについてもあてはまるかもしれない。つまり、それらはいずれも、統合され連続性をもった全体として現れているようにみえるのである。

例として、光合成、人間の成長過程、結晶化といったものを考えてみよう。これらは実のところ、恣意的につなぎあわされた諸々の時間的部分の集まりなのであって、それらの時間的部分は原理的にはどんなつなぎ方においても現れることができた──私たちは本当にそう捉えたいと思うだろうか。そんなことはないだろう、と私は言いたい。プロセスは、全体が部分の総和以上のものとして存在している、疑問の余地のない事例として捉えられるように思われるからだ。

そろそろ、変化という主題を離れ、それと明らかに関連した一つの現象へと議論を移すべき頃合いだ。実はここまでのところで、すでに次章の主題には足を踏み入れつつあった。次章で焦点を当てるのは、あらゆる哲学的問題のなかでもっとも巨大なものの一つと思われるもの、すなわち、因果をめぐる問題である。

＊1　この段落と以下の叙述からわかるように、「物体(object)」という語は、(具体的な)個別者のうち、本章で主題的に扱われる出来事やプロセスのようなものではない、自存的な──つまり、本質的な点で他の個別者から独立に存在する──もの一般に適用可能な仕方で用いられている。したがって、あるものが物体であるかどうかは、それが物理学で扱われるような物質的なものであるか否かにはよらない(たとえば魂が存在するとすれば、それも右に述べた意味での物体である)。訳文の「物理的な物体」という語句はひょっとすると冗語的な印象をあたえるかもしれないが、それが現れるのはこうした事情による。

＊2　変化の成立条件に関するアリストテレスの考えは、『自然学』の第一巻第七章で展開されている。

＊3　‘endure’にあてられる「耐続」、および‘perdure’にあてられる「延続」は、セオドア・サイダー著『四次元主義の哲学──持続と時間の存在論』(中山康雄監訳、小山虎・齋藤暢人・鈴木生郎訳、春秋社、二〇〇七年)による造語である。同書の用語解説を参照。

第5章　原因とはなにか

私がサッカーボールをゴールに向かって蹴ると、ボールはゴールに入る。すると、チームメイトたちは私を祝ってくれるわけだが、それはなぜか。もちろん、私が点を入れたからであり、点を入れるというのが私のしたことだからだ。私がその得点という出来事を引き起こしたのである。その後、私は茶碗をひっくりかえして割ってしまう。すると、私は非難を受けるわけだが、それはなぜか。この場合もやはり、私には自分の引き起こしたことに対する責任があるからだ。これに類する例においては、必ずしも人間が関わっているとはかぎらない。ハリケーンは樹木の損壊や洪水を引き起こすし、釘の腐食は橋の崩壊を引き起こす。

このように、一つのことが別のことにつながっていて、そのつながりが非常に重要であるという場合がある。私がボールを蹴ることがそのボールが動くことにつながっている、というのはそうした場合の例だ。しかし、この世界のさまざまな出来事を全体として考えてみると、ほとんどの出来事のあいだには直接的なつながりがないということがわかるだろう。たとえば、あなたはついさっき鼻をかいたのだが、そのとき起こったその出来事に対して、ナポレオンがワーテルローの戦いで負けたことはなんのつながりももっていない(と私は思っている)。この二つの出来事のあいだに起こった他の数多くの出来事を介して、そこになんらかの非常に間接的なつながりがある、という可能性もなくはないが、そのような希薄なつながりが重要性をもつことはまったくないだろう。また、ある種のことについて、それが別のことにつながっているか否かが争われる、という場合もある。たとえば、タバコを販売している企業は、喫煙とガンとのあいだにはなんのつながりもない、ということを長年にわたって主張してきた。あるいは神秘主義者は、自分の考えていることをなんの物理的手段も介さずに他人へ伝えることができるとか、念じるだけで物体を動かすことができるとかいったことを主張するが、テレパシーや念力は実在しないと主張する人はたくさんいる。実質的には、そうした人たちが否定しているのはある種の因果的なつながりである。

これまで私たちは、この世界を形づくっているさまざまなものを、それらが属する一般的な種類に即して考察してきた。私たちは、性質、個別者、そして複合的な個別者について論じ、さらに変化についても論じた。原因、というのもまた、考察しなければならない重要なカテゴリーであるように思われる。原因というトピックは、変化というトピックと密接に関連している。ただし、両者はまったく同じというわけではない。この世界で起こっている多くの——正確には、ほとんどすべての、かもしれないが——変化には原因があるけれども、必ずしもすべての変化に原因があるとはかぎらない。ある学説においては、宇宙はビッグバンという一つの巨大な生成現象によって始まったとされる。この言い方を聞くかぎりではビッグバンは一つの変化であるように感じられるわけだが、その一方で、ビッグバンの前にそれを引き起こすようなものはなにも存在しなかったのだから、ビッグバンは原因をもたない、というふうにも主張される。この点を受けいれるならば私たちは、原因をもつ変化と、原因をもたない変化とを区別することができ、したがって、変化と原因は異なるものだと言うことができる。実際、変化と原因が結びつきあっている場合であっても、両者は異なるものだと言わなければならない。原因とはあくまでも、変化を生みだすもの——当の変化が現に原因をもつのであれば——に他ならないからだ。また、これら二つの概念をさらにはっきり区別するために付け加えれば、変化をともなわない原因もある、という点も指摘できる。ある種の原因は、変化ではなく安定性や平衡状態を生みだすことがあるのだ。たとえば、磁石が互いにくっついたままでなんの変化も起こらない、ということがある。しかしこの場合にも〔磁力という〕原因が存在していることは、他のどんな事例にも劣らず明らかであるように思われる。

原因はいたるところにある

因果を理解するということは、あらゆる哲学的課題のなかでもっとも大きな課題の一つである。それは、幾世紀にもわたって哲学者がその課題に頭を悩ませてきたから、というだけではない。因果を説明することが不可欠なのは、ほぼすべてのものが因果によって結びつけられているからである。ヒュームが因果を「宇宙のセメント」と表現するのもそのためだ。*1 因果はほとんどあらゆるところに見いだせるものであり、もし因果というものがなければ、あることがなにか他のことに対し重要な関係をもつということも一切なくなってしまうだろう。たとえば、フランツ・フェルディナントが銃撃されたことは重大な出来事であるが、それはひとえに、その出来事によって彼の死が引き起こされ、そして第一次世界大戦が引き起こされた(と言われている)からに他ならない。実際、ガヴリロ・プリンツィプが銃の引き金を引いたのは、ひとえに、それによって銃弾の発射が引き起こされ、さらにその銃弾によってフランツ・フェルディナントの死が引き起こされるだろうと考えたからに他ならない。

私たちのなす行為はいずれも、それによってなんらかの出来事が引き起こされるだろう、という考えを前提しているように思われる。たとえば私が釘を打つのは、ひとえに、釘が壁に突き刺さるという出来事がそれによって引き起こされるだろう、と考えているからである。仮に、釘を打つことがいかなる結果ともつながりをもたないのだとすれば、それはまったく無意味な行為だということになってしまうだろう。試しに、釘を打つことは、釘が壁に突き刺さるという出来事を引き起こさない、と仮定してみよう。あるいは、釘を打つとなんらかのランダムな変化が起こる――釘が蒸発し始めたり、忽然《こつぜん》と消えたり、ニワトリに変わったり、など――と仮定してもよい。いかなる出来事のあいだにも因果的つながりがないのだとすれば、この世界で起こる出来事を予測することは、どんなに些細なことであっても完全に不可能になってしまうだろう。もちろん私たちの行う予測は、つねにあてになるわけではないのが現状だが、どうにかこうにか暮らしていくのに十分な程度にはあてになると言える。そして、予測がある程度あてになるということは、結局のところ、この世界で起こるさまざまな出来事のあいだに因果的なつながりがある、ということに他ならない。実際にどのような因果的つながりが成立しているかを立証することは、多くの場合、私たちにとってきわめて大きな重要性をもっている。たとえば、ある病気の原因を特定することは、命を左右するような意義をもちうる。というのもそれにより、死の原因となるものから人々を遠ざけておくことができ、人々の命を救うことができるからである。あるいはまた、仮に人々が病気にかかっていたとしても、私たちは、まさにその人たちの健康の回復を引き起こすような薬を見つけようとする。

これらの例は、因果がいかに重要であるかを教えてくれる。そして因果が重要であるという事実は、哲学者たちに、因果的なつながりとはなにかを理解し説明する義務、とでも言いうるものを課すことになる。しかし、まさにこの義務を果たそうとするところから状況は難しくなる。

原因を求める争い

一つの問題は、デイヴィッド・ヒュームに由来する伝統的な考えにまつわるものだ。因果に関するヒュームの見解は、今もなお哲学的論争の種となっている(一七三九年に出版された『人間本性論』第一巻を参照のこと)。ヒュームは、因果的つながりを観察することはできない、と主張する。もちろん、ある人が薬を飲む、といった一つの出来事が起こるのを見ることはできるし、それによってその人の体調がよくなるのであれば、体調の回復という第二の出来事が起こるのを見ることもできる。しかし、これら二つの出来事のあいだの因果的なつながりはけっして見えない、とヒュームは考えるのだ。そうであるとすれば、その薬が健康の回復を引き起こしたということはどうやってわかるのだろうか。問題はたんに、人の体の内部を(それほどかんたんには)見ることができない、という点にあるのではない。ヒュームが明らかにした問題は、それよりも深刻なものである。考えうるかぎりもっとも単純な事例においてすら、因果的なつながりを見ることはけっしてできない、とヒュームは主張する。ボールが蹴られるのは見えるし、そのボールが動くのも見える。しかし、ボールが蹴られることとボールが動くことのあいだの因果関係それ自体はまったく見えない、というわけである。

因果的なつながりを見ることはだれにもできないのだとすると、私たちはなぜその実在性を信じているのだろうか。ヒュームは、この問いに対して一つの見解を提示している。ヒュームによれば、ある出来事が別の出来事を引き起こしたと私たちが考える主な理由は、それらの連結があるパターンの一例になっている、ということにある。これまで、だれかがボールを蹴るのが私に見えたときには必ず、それに続いて、ボールが動くということが起こっていた。その個々の事例のいずれにおいても、私に実際に見えているのは、ある出来事に続いて別の出来事が起こるということにすぎない。しかし私には、これまで一つめの種類の出来事が起こるのを見たときには必ず、二つめの種類の出来事がそれに続いて起こっていた、ということもわかっている。そしてまさにこのようなときに、私たちはある出来事が別の出来事を引き起こしたと考えるのである。

ヒュームを支持する者の多くにとって、右に述べた論点は、たんに原因についての私たちの知識がどうやって成立するかを説明しているだけではない。ヒュームの見解は、因果そのものを説明するものだ、という見方も支持を集めているのである。哲学書を読むという経験をするまで読者は、ある出来事によって別の出来事が引き起こされる場合がある――そのような場合には、一つめの出来事と二つめの出来事のあいだにある種の圧力や強制力がはたらいている――と考えていたかもしれない。しかしヒューム主義者の主張によれば、そうした圧力がどのようなものであれ、私たちはそれに関する知識を一切もっていないし、そればかりか、世界を理解するにあたってそうしたものはまったく不要である。さまざまな出来事と、それらの出来事が織りなす種々のパターンの他には、どんなものも必要ないというわけだ。これまで、ボールが蹴られる、というタイプの出来事がたくさん起こったし、ボールが動く、というタイプの出来事もたくさん起こった。ヒューム主義者の考えでは、ボールが蹴られるという出来事が起こり、それに続いてボールが動くという出来事が起こるのは、たまたまのことにすぎない。そうであるとすればこの世界は、ばらばらの出来事の寄せ集め――それらのなかにはある種のパターンを成しているものもあるが、それはたまたまのことにすぎない――として理解されることになる。

たとえば次のような状況を考えてみよう――あなたは、さまざまな色・形をしたタイルがたくさん入った大きなバケツをもっている。あなたはそのバケツを振って、それから床の上にタイルをばらまくことができる。それらのタイルは、実際にはある不規則な配列で広がることになるだろう。だがその場合であっても、それらのタイルを入念に調べれば、ある種のパターンを見つけることができるかもしれない。たとえば、赤いタイルの隣には必ず青いタイルがあるとか、四角形のタイルの隣には必ず三角形のタイルがあるとかといったことがわかる可能性がある。もっともっと入念に調べていくにつれて、さらに複雑なパターンがあることに気がつく可能性もある。たとえば、円形の黄色いタイルの隣には必ず、四角形で緑色のタイルか三角形で橙色のタイルがある、などといったパターンが見つかるかもしれない。このことをふまえれば、次のように主張する余地が出てくる。私たちが世界を科学的に調べるときにやっているのは、実際のところ右に述べたようなことにすぎない。薬を飲むという出来事の後には必ず、病気が治るという出来事が起こる。こうしたパターン以上のなにを、因果に望みうるというのか――ヒューム主義者はそう考えるのである。

だが、これとは別の考えもある。その考えは、一部の哲学者を因果に対する別種の捉え方へと導いてきたものだ。実はその別種の捉え方もまた、ヒュームの著作に見いだせるものである。ヒュームは因果について二つの異なるタイプの理論を提案した、ということだ。そのうちの一つは、因果とは結局のところ規則性にすぎない、というものだった。一方、二つめの理論の内容は次のような仕方で説明できる。私たちは多くの場合、現実の世界で実験を行うことによって、どの出来事のあいだに因果関係があるのかを理解できるようになる。あなたは子どもの頃、こんな経験をしたことがあるかもしれない――おもちゃの人形の首の後ろにひもが付いていて、それを引っぱったり放したりしているうちに、人形がおしゃべりしてくれることを発見する。そしてそれを数回くりかえすことによって、そのひもを引っぱった後にはいつも人形がおしゃべりする、ということがわかる。しかしおそらく、因果に関する知識を本当に獲得するためには、そのひもを引っぱらないかぎり人形はおしゃべりしてくれない、ということもわかっていなければならない。というのも、そのひもを引っぱるか否かにかかわらずいつでも人形がおしゃべりしてくれるとすれば、ひもを引っぱることが人形のおしゃべりを引き起こしたと考えることはありえないように思われるからだ。このことから、次のような洞察を導くことができる——ある出来事が原因となって別の出来事が続いて起こる、と考えることができるのは、もし一つめの出来事が起こらなかったとすれば二つめの出来事も起こらなかっただろう、ということが成り立っている場合である。これは、ヒューム自身の言い方とほとんど同じだ。*2

だが、このような関係が出来事のあいだに成り立っていることはどうやってわかるのだろうか。もちろん、ある出来事に続いて別の出来事が起こるということは確認できる。しかし、現に一つめの出来事が起こったとき、もしそれが起こらなかったとすれば二つめの出来事も起こらなかっただろう、ということはどうすればわかるのか。ここでは次のような懸念が生じる——「その場合には二つめの出来事も起こらなかっただろう」と信じるとき、その信念は実際のところ、一つめの出来事が二つめの出来事を引き起こしたという信念に基づいているのではないか。そうであるとすればまずい状況になる。ここで問題にしている理論は、ある出来事がなにかを引き起こすとはどういうことかを説明してくれるものだと想定されており、それゆえ、因果の概念を先に用意しておいてそれに訴える、ということは許されないからだ(それが許されないのは、もしそうしたとすれば説明が循環することになるからである)。

右の問いに対しては二つの答えが提案されている。そのうちの一つは、ある手の込んだ形而上学的理論を用いるものであり、もう一つは、それと比べるともう少し地に足のついたものである。一つめの、形而上学者たちによる答えは次のようなものだ。私たちの世界では一つめの出来事と二つめの出来事が両方とも起こっているが、それとは異なる世界もある。その別の世界というのは、問題の一つめの出来事が起こっていない、という点以外は、私たちの世界とそっくりな世界である。もしその世界において二つめの出来事も起こっていないのであれば、一つめの出来事が二つめの出来事を引き起こした、ということが私たちの世界において成り立つ。別の言い方をすればこうなる――私たちの世界においては現に二つの出来事がどちらも起こっている以上、一つめの出来事が起こっていないという可能性は、なんらかの別の可能世界においてしか考えることができない。そのとき考えるべき別の世界とは、一つめの出来事が起こっていないという点を除いて私たちの世界とそっくりであるような世界である。これはたしかに、ヒュームの第二の理論による因果の特徴づけを肉づけするものだろう。出来事Aが出来事Bを引き起こすのは、Aが起こっていないという点を除いて私たちの世界とそっくりな世界においてBが起こっていない、という場合である――ヒュームの主張は今やこう表現できるわけである。

このように他の可能世界について語ることは、過度な形而上学的思弁であるように感じられるかもしれない(右に述べた意味での可能世界は、第8章で再び出会うことになるトピックである)。しかし、もしある出来事が起こらなかったならばそれとは別のある出来事も起こらなかっただろう、ということを知る方法としては、今しがた述べたのとは異なるものもある。それは、より科学的なタイプのアプローチであり、現にごく頻繁に用いられているものである。私たちは、他の世界でなにが起こっているかについて考える代わりに、現実に実験を行うことができる。そのために必要になるのは、考えうるすべての点で可能なかぎりそっくりな二つのテストケースを用意する、ということだ。そして、一つのテストケースにおいて問題の出来事を生じさせ、もう一つのケースにおいてはそれをしない。これによって、一方だけに持ち込まれたファクターが結果を左右するか否かがわかるのである。ジョン・スチュアート・ミルはこれを「差異法」と呼んだ。*3

一部の哲学者の考えによれば、この方法は、私たちが実際に原因を見つける仕方に他ならない。たとえば、ある薬に効果があるかどうかを確かめるために――「効果がある」という表現で言いたいのは、その薬が体調の回復を引き起こす、ということである――私たちは、多くの人々からなる集団をサンプルとしてとり、それを無作為に二つのグループに分ける。もしそのサンプルが十分に大きく、かつ無作為抽出に問題がないとすれば、十分によく似た二つのグループが得られたことになるはずだ。そのうえで私たちは、一方のグループに対して試験対象の薬を与え、他方のグループにはそれを与えない、という手続きをとる。二つめのグループの人々に与えるのはプラシーボである。そうするのは、治療を受けていると信じることがそれだけで体調の回復を引き起こす、という可能性を想定しているからに他ならない。もし一つめのグループで人々の体調が回復し、二つめのグループでそれが起こらないとすれば、その薬は体調の回復を引き起こした、と判断されることになる。この種の実験は「ランダム化比較試験」と呼ばれ、ヒュームとミルが理論的に示唆していたことを大きな数の対象について実地に示すものであると考えられている。私たちは、現実に行う実験を通じて、一つめの出来事ができるのだ。

（薬の服用）なしには二つめの出来事（体調の回復）は起こらないだろう、ということを確認すること

この種の理論は、「反事実的依存関係」に基づく因果論として知られているが、そうした理論には一つの大きな懸念がある。それは次のようなものだ。右の説明で引きあいに出されていた「差異」は、本当に因果のすべてを捉えているだろうか。たしかにそれによって、どの出来事とどの出来事のあいだに因果関係があるのかはわかるかもしれない。しかし、ある出来事が別の出来事を引き起こすとはどういうことかについては、問題の「差異」は実際のところ説明をあたえていないのではないだろうか。次のことを考えてみてほしい。試験対象の薬を服用したグループにおいては、仮にプラシーボを服用する別のグループがどこにもなかったとしても、体調の回復が起こっていたはずである。たとえば、問題の試験手続きの運営に手違いがあったために、プラシーボを服用する予定だったグループが忘れられてしまい、試験手続きのうちそのグループに関わる部分がまったく行われなかった、と想定してみよう。その場合、一つめのグループで現に人々の体調は回復したけれども、それは当該の薬によって引き起こされたわけではない、ということになるのだろうか。そのグループの人々が当該の薬を服用して具合がよくなったとすれば、こう疑問に思ってもおかしくはない――この薬が私たちにどれくらい効くのかという問題に対して、別のどこかで起こっていることがいったいなんの関係をもつというのか。同様に、私がサッカーボールを蹴ってそのボールが動いたとすれば、ボールを蹴ることがそのボールの動きを引き起こしたのか否かという問題に対して、だれもボールを蹴っていないなん

らかの別の可能世界(あるいは、その点だけを除いて当の状況とそっくりなある種のテストケース)においてなにが起こっているかということが、いかにして影響をあたえうるというのか。

このような思考の筋道の背後にある考えはこうだ——二つの出来事AとBがあるとき、AがBを引き起こしたのかという問いは、あくまでもAとBだけに関わるものであり、それらのあいだになんらかのつながりがあるのか否かを問題にしている。それゆえ、他の時点や他の場所でなにが起こっているかということは、その問いに対してなんの関係もないはずではないか、というわけだ。このような考え方は**単称主義**という名で知られているが、それを正当化する仕方にはどのようなものがありうるだろうか。一つのやり方は、「実際問題として重要なのは、たとえば、この薬に体調を回復させるような力能が本当に備わっているかどうか、といったことであり、それ以外のことではない」という点を強調するというものだろう。実際、私が具体的に知りたいのは、この特定の患者の体調を回復させる力能がこの薬に備わっているかどうかであり、それ以外のことではない、ということはおおいにありうる。というのも、その薬に問題の力能が現に備わっているならば、その薬は、正しい仕方で服用されたときに実際に体調の回復を引き起こすからである。同様に、あなたがサッカーボールをキックするとき、そのボールを動かすものは、あなたのキックがもつ因果的力能に他ならない。あなたの足とそのボールだけが、この因果的つながりに関わっているのである。

この単称主義の立場からは、すでに考察した二つのヒューム主義的見方に対して指摘すべきことがある。ヒューム主義の第一の見方は、因果とは規則性に他ならないというものだった。これは疑わしい、と単称主義者は言うだろう。というのも、この見方は個別的な因果的主張と一般的な因果的主張を混同しているようにみえるからである。個別的な因果的主張とは、たとえば「この薬はこの患者の体調を回復させた」という主張であり、一般的な因果的主張とは、たとえば「どんな患者も、このタイプの薬で体調を回復させることができる」という主張である。「喫煙はガンの発病を引き起こす」と言うときは、一つの一般的な因果的主張をしていることになる。第一のヒューム主義的理論によれば、ある個別的な出来事が別の個別的な出来事を引き起こすとは、それら出来事の連結がある種のパターンに含まれているということである。言い換えれば、当該の個別的事実がその一例にすぎないような一般的な因果的真理がなければならない、ということだ。

そのような見方においては、説明のもつべき順序が逆になってしまっている――ヒュームに反対する哲学者はそう主張することができる。一般的な因果的真理が存在するのは、一般化の対象となる個別的真理が存在するからだ、というわけである。この特定の男性が喫煙し、それが原因となってガンを発病した。あの男性も、喫煙が原因でガンを発病した。そしてあの人も……といった具合に続くとき、私たちはそうした個別的な因果的主張を集めて一般化することによって、「喫煙は一般にガンの発病を引き起こす」と主張することができるのだ。

ヒュームのために鐘は鳴る？[*4]

しかし、個別的な因果的真理と一般的な因果的真理のあいだのつながりは、それほど単純明快というわけではないかもしれない。だれもが知っているように、生涯にわたってガンを患うことなくタバコを吸い続けることができた人々もいる。にもかかわらず私たちは、「喫煙はガンの発病を引き起こす」という真理が存在する、と考えるのをやめない。そうであるとすれば、一般的な因果的真理とはどのような意味ないし含意をもつものなのだろうか。以下のように考えることができるかもしれない。喫煙は、ガンを発生させる傾向がある。多くの場合、喫煙は実際にガンを発生させるが、必ずしもすべての場合にそうなるわけではないと言える。問題の力能はたしかに存在する——タバコは発ガン性をもつ——のだが、その力能が当の有害なはたらきを発揮できない場合もある、ということだ。たとえば、まさにタバコの効果を阻害することのできるようなちょうどよい遺伝子をもった人もいるかもしれない。したがって、必ずしも個々の事例すべてにあてはまるわけではないような一般的な因果的真理がありうることになる。それゆえ、ランダム化比較試験は、ある薬が特定の病気に対して効果的であることを示せるかもしれないが、それはたんに統計上そうだということにすぎないかもしれない。つまり、試験対象の薬を投与されるグループの一部の人たちは体調がよくなるが他の人たちはそうならない、という場合もありうるということだ。その場合、その薬は私という個人に対してはまったく効かない、ということは十分にありうる。

ある種のものの一部には作用するが、必ずしもそのすべてに作用するわけではないような原因があるのはなぜか。その疑問に対する答えとして、きわめて説得力のある理由を提示できるかもしれない。ヒュームは、自らの見解とは別の選択肢として因果的力能に基づく理論があることを理解していた。

しかしヒュームの考えでは、そうした理論を採用すると、原因はその結果を必然化するものでなければならないことになってしまう。ある種の結果に対する力能が存在するならば、当の力能は、その作用をはたらかせるときに問題の結果を必ずもたらすものである、ということになってしまうだろう――ヒュームはそう論じたのである。だが、力能を引きあいに出す立場には必ずしもそうした含意はないかもしれない。力能は、ある種の結果をもたらす傾向性をあたえるにすぎない、と考えてもよいからだ。つまり、力能が問題の結果をもたらすのに成功する場合もあれば、力能のはたらきが阻害される場合もある、と考えるのである。私たちが身の周りで目にするような結果は、多くの場合、きわめて多様な要素が絡みあってはたらくことによりもたらされたものである。たとえば紙飛行機が飛ばされるとき、その軌道を決定する要素には、当の紙飛行機の空気力学的な形状に加えて、重力、突風、静電気誘因、斥力、などといったものが含まれている。そのような場合には、さまざまな要素のうちの一部によってある結果をもたらす傾向性があたえられる一方で、他の要素によってそれとは反対の結果をもたらす傾向性があたえられる、ということがありうるだろう。

そうであるとすれば、薬の事例においては、当該の薬が病気を治癒する力能をもち、しかも多くの場合にその結果をもたらすのに成功するということが判明する一方で、それと同時に、ある特定の個人に対してはその薬がまったく効かないことも判明する、という可能性が考えられるだろう。たとえば、その人は生まれつきその薬の影響を受けない体質をもっているかもしれないし、その薬の効果を相殺するような生活スタイルで暮らしているかもしれない。あるいは、問題の病気を悪化させるような食事をしているのかもしれない。その他、個々のケースごとにさまざまな妨害要因がありうる。その薬は、多くの場合に体調の回復をもたらすとしても、必ずしもそうなるとはかぎらないのである。このような仕方で理解するならば、力能は、それと結びつけられる結果を必然化しない、ということになる。力能とされるもののはたらきは、なんらかの要因によってあらかじめ封じられていたり途中で阻まれたりすることがありうる。ヒュームはそのことを、力能に基づく因果論を受けいれない理由として捉えていた。だがここで確認したのは、力能は必然化という仕方ではたらくのではないということ、しかしそのことは力能――ただし、適切に理解されたかぎりでのそれ――が存在するのを否定する理由にはまったくならないということである。

ここで、アリストテレスというおなじみの名前が再び登場する。アリストテレスは、因果的力能は実在の一部であると考えていたように思われる。*5 ヒュームによる異論はそれよりもかなり後に現れたものであるが、アリストテレスの考えにまったく劣らず強い影響を哲学にあたえた。そして、現代の形而上学者たちのあいだには依然として、ヒューム主義と非ヒューム主義の大きな対立がある。その主要な論争は、原因は実際にその結果を生みだすと考える哲学者と、現実に存在するのは出来事の織り成すパターンだけであり、出来事のあいだには実在的つながりはまったくないと考える哲学者とのあいだで起こっているようにみえる。ただし、一言だけ注意を促しておきたい。問題の論争を理解するためには、次のことを心に留めておく必要がある――ヒューム主義者によれば、「生みだす」「引き起こす」「力能」などといった言葉で私たちが指し示しうるのは、さまざまなタイプの出来事どうしが規則的に連続して起こるということ、あるいは、原因とされる出来事が起こらなかったとすれば結果とされる出来事も起こらなかっただろうということにすぎない。つまり、実在論者が因果について主張することはすべて、出来事が織り成すパターンに関するヒューム主義的な表現に翻訳することができる、とされるのだ。もしこれが正しいとすれば、実はヒューム主義者とその反対者とのあいだの違いを明確に述べることさえ難しい問題だということになる。

＊1　この表現は、ヒューム自身による『人間本性論』の摘要、すなわち「人間本性論摘要 An Abstract of a Book lately Published, entitled, *A Treatise of Human Nature, & c.*」の最終(第三五)パラグラフに現れる。その箇所でヒュームは、因果に類似と近接を加えた三つの連合原理を「宇宙のセメント」と呼んでいる。

＊2　ここで言及されているヒュームのアイディアは、『人間知性研究』の第七章において展開されている。

＊3　J・S・ミル『論理学の体系 *A System of Logic*』(一八四三年初版)、第三巻、第八章第二節。

＊4　原文では 'For Hume the bell tolls' と題されている。もちろんこれは、アーネスト・ヘミングウェイの小説『誰がために鐘は鳴る *For Whom the Bell Tolls*』をもじった洒落である。

＊5　ここで念頭に置かれているのは、『形而上学』Θ巻(第九巻)の第一章から第五章にかけて展開されている、デュナミス(δύναμις)をめぐる議論であると思われる。

第6章　時間はどのように過ぎ去るのか

ここまで私たちは、もっとも一般的なカテゴリーのいくつかに即して、この世界にどのようなものがあるのかを考察してきた。この世界には、個別者と性質が存在する。しかしそれだけではなく、全体、部分、変化、因果といったものもまたある。最後の二つに関しては、それらとは異なったあるものが実在しないかぎりは、どちらも存在しえないだろう。そのあるものとは、時間である。変化が起こるためには、ある時点では存在するが、それより後のある時点では存在しない(またはその逆)ようなものが、少なくともなにかしらはなければならない。変化がなくても時間は実在しうるか、という問いは哲学者の議論の対象になっているが、時間がなければ変化もありえない、ということには疑問の余地がまったくないように思われる。

私たちが時間と呼ぶこのものはいったいなんなのか(これは、だれもが考えたことのある問いかもしれない。この問いについて考えることを通じて、私たちはみな形而上学的な探究に取り組んできたことになるわけだ)。この問いに対する一つの考え方は次のようなものである——時間は、それ自体として一つの存在者であり、さまざまな出来事がそこへと位置づけられる背景としての役割を果たしている。このように捉えられた時間は、流れるもの、しかも一つの向きをもつものであると想定される。時間はあなたのいるところを通り過ぎてしまうので、あなたは時間に取り残されないようについていき、時間を無駄にしないように気をつけねばならない。時間の流れはある一定の地点まで到達しているわけだが、もしかすると時間という資源はいつか尽きてしまうようなものかもしれない。このようにイメージされた時間は、川の流れと似ている。それはある一定の速さで動いていて、川岸に並ぶ諸々の地点を通り過ぎていく。あなたは生まれた瞬間に、その流れに浮かぶ一台のいかだに飛び乗ったのだ。川岸には、年月を示す標識がたくさん立っている。時間はそれらを順々に通り過ぎながら、あなたを下流へと運んでいく。死の瞬間にあなたは、それまでずっと乗っていたいかだから飛び降りるのである。しかしあなたがいなくなっても、時間の流れはその先へと、留まることなく進んでいく。

たしかに時間は、このような仕方で捉えられることがある。だが少し考えてみると、右に述べた考えにはいろいろとよくわからないところがある。たしかに私たちは、時間が流れるという言い方をする。もちろん川の流れる速さを測定することはできるけれども、同じようなことを時間に対して行うことは本当に可能だろうか。時間が過ぎ去るのだとすれば、いったいどれくらいの速さで過ぎ去っているというのか。一秒あたり一秒だろう、などと考えられるだろうか。はたしてその答えは意味をなすのか。それが意味をなさないとして、なにか他に答えの候補はありうるだろうか。私の乗っているいかだにパドルがついていれば、時間そのものよりも速く(あるいは、時間よりもずっと遅く)進むことができるのか。また、たしかに私たちは、時間には向きがある——後ろではなく前に向かって時間は進む——という言い方をする。しかし、この表現で私たちはなにを言おうとしているのだろうか。それが意味をもつのだとすれば、時間は前に向かって進み続けたその果てに、今度は後ろへ向かって進むことになる、という可能性もあるわけだ。もし本当にそうなったとしたら、世界はいったいどうなるのだろうか。

時間はそれ自体として一つの存在者であり、そこに位置づけられるさまざまな出来事とは独立に、なんらかのかたちで存在している——このように時間を捉えることから示唆される考えはもう一つある。それは、時間のうちにはなにも起こっていない期間もありうる、という考えだ。そんなものは本当にありうると言えるだろうか。たんに、すべてのものが一年間にわたって——あるいは二年間かもしれないが——静止して、それから再びすべてが動きだしただけ、というわけではないことを、私たちはどうやって知ることができるのだろうか。

時間について論じるとき、私たちは、時間というもののあまりの理解しにくさゆえに、比喩的な表現に頼らざるをえない。だが場合によっては、そうした表現は誤解を招きやすいものとなる。たしかに、時間は私のいるところを通り過ぎたとか、長い時間が過ぎ去ってしまったとかいった言い方はできるが、こうした文が文字どおりに正しいはずはない。長さとは空間に対して帰属させることができるものであり、過ぎ去るとは——たとえば私のそばを走って通り過ぎる犬の場合のように——運動〔する物体〕に対して帰属させることができるものだからだ。しかし、問題の比喩表現によって考えられているのは次のようなことかもしれない。ある特定の出来事ないしプロセス——たとえば、あなたの十代の時代——が、未来からやってきて、現在に姿を現し、そして今度は過去へと姿を消してしまう。あなたはそれに手を振って別れを告げることができる——ちょうど、一匹の犬があなたのところに駆け寄ってきてしばらくあなたのそばで過ごし、そしてまたどこかへ行ってしまうのを見るときのように。だが本当に、時間はこんな仕方で過ぎ去っているのだろうか。

あとどれくらいで今になるのか

これまで一〇〇年間にわたって形而上学者が論争の的としてきた時間のモデルとして、二つのものを挙げることができる。まずはそのうちの一つについて、以下でしばらく考察しようと思う。エイブラハム・リンカーン大統領の暗殺、といった出来事を考えてみよう。一八六五年より前に生きていた人々にとって、この出来事は未来のものだった。私たちにとっては、この出来事は過去のものである。そして、一八六五年四月一四日の午後一〇時一五分頃(ワシントンD・C時間)には、それは現在の出来事だった。この事例は、空間との類比によって理解すべきだろうか。つまり、リンカーンの暗殺という出来事は、人々のもとへそっと忍び寄り、少しのあいだそこに居合わせ、それから過去のなかへと姿を消してしまった、と言えるのだろうか。それとも、この出来事に対して適切な理解の仕方が他になにかあるだろうか。

文字どおり右のように捉えることには無理があるかもしれないが、それほど悪くないと言える一つの見方がある。それは、出来事は一種の時間的性質をもつ、というものだ。リンカーンの暗殺は、過去であるという性質をもっている。また、あなたがこの文を読んでいるという出来事のように、現在であるという性質をもつ出来事がたくさんある(あなたがこの文を読んでいるあいだに起こっている出来事であれば、他になにを考えてみてもよい)。そして、他の多くの出来事は未来であるという性質をもっている。その性質は、未来性、とでも呼べるかもしれない。サッカーワールドカップのカタール大会〔二〇二二年〕、次回のイギリス総選挙、二〇二五年九月二一日の日食、地球全体の人口が八〇億に達すること――これらはいずれも(二〇一二年現在においてわかるかぎりで言えば)未来性をもつものの例である。

このような見方をとることで、「時間の向き」と呼ばれるものをある程度は理解できるようになるかもしれない。出来事は必ず、最初は未来であり、次に現在となって、最後は過去となる。私たちが知るかぎりでは、時間が逆向きに進むことはけっしてない。過去に向かうタイムトラベルが可能だとしたら話は複雑になるかもしれないが、少なくとも、未来・現在・過去という三つの時間的性質は必ずこの順番で出来事に所有される、ということは言えるように思われる。ここではもちろん、出来事を個別者とみなしており、形而上学者が「タイプ」と呼ぶものとしては捉えていない。オリンピックは四年ごとに開催される――このように言うときには、問題になっているのは一つのタイプとしての出来事だ。それに対して、特定の年に開催される個々のオリンピック大会は、それぞれ一回かぎりのものである。ここで私が問題にしているのはまさにそのような、個別者としての出来事に他ならない。そうした出来事は、未来から現在へ、そして現在から過去へ、という向きで「流れ」ているのである。

時間的性質というものがあるとすると、それには奇妙な特徴がいくつかあるように思われる。時間的性質は、さまざまな組み合わせにおいて次から次へと現れることができるようにみえるのだ。かつて未来だった出来事のうちの一部は、今や過去のものである。二〇二五年の日食は、私がこの文章を書いているときには未来の出来事であるが、それがすでに過去の出来事であるようなときがいつかはやってくるだろう。ひょっとすると、あなたがこの文章を読んでいるのはすでにそれが起こった後かもしれない。私のいる二〇一二年の時点からみたとき、このことから私にわかるのは、二〇二五年の日食は未来における過去であるという性質をもっている、ということだ。つまり、未来の出来事はいずれ——たとえば、二〇二五年一〇月までに——過去のものになるのである。また、過去における未来である、という性質をもつものもある。リンカーンの暗殺は一八六〇年には未来だったが、今はそうではないし、その出来事が未来ではないということは一八六五年以降ずっと変わっていない。これらのことをふまえると、以下のような疑問が生じてもおかしくはない。ものごとはいかにして、未来における過去、過去における未来、といった性質をもちうるのか。そうした性質に関してものごとが変化を被るときには、いったいなにが起こっているのか。未来性という性質をもってじっと動かずに佇んでいるものごとがどこかにたくさんあって、現在性という性質を獲得するまでずっとそこで待ち続けている、ということなのだろうか。現在に姿を現すことを待ち望む未来の人々がいて、「あとどれくらいで今になるのか」とひそかに考えているのだろうか。過去性という性質を獲得するとき、ものごとはどこへ行ってしまうのか。過去性なる性質をもつものが本当に存在するのだろうか。それとも、たんにものごとが存在しなくなる、ということにすぎないのだろうか。

今に勝るときはない

実在するのは現在のものだけだ、という考え方がある。そのように考える立場は、**現在主義**というまさにそれにふさわしい名で呼ばれている。現在主義は、今しがた提起した問いのいくつかに対する応答として捉えることができるだろう。つまり、未来性・過去性という性質をもつものが存在すると主張するのはばかげているのではないか、というわけだ。あるものが性質をもつためには、そもそもそれが存在していることが必要であるようにみえる。しかし、以下のような考えを深刻に受けとめるならば、未来や過去のものごとはまったく存在していない、と論じることができるかもしれない。バラク・オバマの生まれた年は一九六一年である。だからといって、「オバマは一九五九年にも存在していたのだが、そのときは未来性という性質をもっていた」などと言うのはどこかおかしいのではないだろうか。ユリウス・カエサルがある時代に存在したことは間違いないが、今はもう彼は存在しない。先ほどの場合と同様に、このことから「カエサルは今も存在しているのだが、今は過去性という性質をもっている」と主張することには、どこか間違ったところがあるだろう。このように考えたとき、次の主張が選択肢として浮上するように思われる。三つの時間的性質があると考えるのはやめて、それらの代わりに存在という一つの単純な概念だけを用いて考えなければならない。そしてそのうえで、ものごとは存在し始めることもあれば存在しなくなることもある、と考える必要がある。つまり、ものごとは現在であるときには実在するが、現在を過ぎれば実在しない、というわけだ。

　これは賢明な考え方であるようにみえるが、検討すべき問題がいくつかある。それは以下のようなものだ。第一に、現在はどれくらいの期間にわたって続いているのか。今日という一日だろうか。それとも、これから一分間か。あるいは、一秒間だけだろうか。夜の八時五〇分の時点で、その日の正午が過去であることは間違いない。それどころか、八時四九分でさえすでに過去であり、二秒前もまた過去であることに変わりはない。現在とは、なにかごく小さく細いものであるように感じられる。私たちは、今が姿を現すのを待つことができるが、今はあまりにもあっというまに姿を消してしまう。実際、もし時間の最小単位があるとすれば――およそ、一秒の一〇〇万分の一のさらに一〇〇万分の一であるとして、それを瞬間と呼ぶことができるだろう――現在は、その瞬間が続いているあいだにだけ存在する、ということになると思われる。それを否定し、現在には一定の広がりがあると主張するならば、現在が存在しうる期間はどれくらいだと考えればよいのか。それは二分間だろうか。その数をもって答えるのは恣意的であるようにみえる。しかし他方で、現在には時間的な広がりがまったくないと考えるとすれば、現在は消えてなくなってしまうも同然のように思われる。

　現在主義が直面する二つめの問題は次のものだ――現在主義者の依拠する〈現在〉という概念は、相対性理論によってその正当性が否定されてしまう可能性がある。太陽は今、輝いている、というように私が考えることはよくあるし、それゆえ、太陽が輝いているということは現在に属しているように思われる。だがその一方で、太陽の光が地球に届くまで八分と一九秒かかる、と私は学校で習った。

〔このこと自体は、〈現在〉なる特別なものがあることと矛盾しないが、光速度不変の原理を含む特殊相対論の登場以後の〕物理学においては、〔唯一無二の〈現在〉があるという考えから導かれる〕絶対的同時性の概念と衝突する理論的帰結が〔諸々の実験結果に基づいて〕受けいれられている。空間的に離れた二つの出来事について、それらが〔端的に〕同時であるという言い方をすることは厳密には許されない、と私たちは授業で教わるわけだ。二つの星が、互いに遠く離れた銀河でそれぞれ崩壊していて、その様子があなたに見えているとしよう。二つの星は、同時に崩壊しているように見えるかもしれない。しかし、あなたが覗きこんでいる望遠鏡に対して、それらのうちの一方が他方よりもずっと近くにあるとすれば〔そして、その望遠鏡を覗きこんでいるあなたが双方の星に対して静止しているとすれば〕、実際のところそれら二つの出来事はけっして〔あなたにとって〕同時ではない〔他方で、たとえばあなたの友人が、一方の星に向かって光速に近い速度で運動している宇宙船に乗っているとすれば、それら二つの出来事はその友人にとって同時であるかもしれない〕。こうして、「現在」という語によって私たちが指し示しているのは――現在が必ず位置や観点〔を含む条件、より正確には、慣性系〕に相対的であるように思われるとすれば――正確に言ってなんなのか、という問題が生じることになる。この問題に直面して仕方なく、純粋に主観的なものとして現在を説明する、という道もあるかもしれない。つまり、ある観察者にとって「今である」ようにみえるもの、それが現在であると考えるのだ。しかし形而上学者の多くは、形而上学の探究主題がそのような仕方で人々の観点に依存することを望ましいとは考えない。形而上学者は、自分たちが問題にしているのは客観的で永久不変の真理なのであって、それは私たち人間のものの見方には影響されないのだ、という感覚を手放したくないのである。*1

最後にもう一つ付け加えれば、現在主義にはさらに次のような問題もある。カエサルはもはや生きていないが、一つの明確な意味においては、カエサルは今でもなお実在性をもつと言うことができる。カエサルに関するさまざまな事実――たとえば、カエサルはルビコン川を渡った、という事実――が存在する以上、それらの事実を成り立たせているものが存在するのでなければならない。存在するのは現在のものだけだとすると、いったいなにが、第二次世界大戦があったという事実やリンカーン暗殺事件があったという事実を成り立たせているのか。第二次世界大戦やリンカーンといった過去の出来事・物体は、もはや現在のものではないとしても、なお実在の一部であると捉えるのが賢明ではないだろうか。相対性理論に基づく考察として右で述べたことをふまえれば、過去の事実であってもなお私に見えるものがある、と言える。*2 たとえば、八分前に太陽はどのような姿をしていたのか、ということに関する事実を考えてみればよい。過去に起こったことに実在性をまったく認めないとすれば、だれかが歴史を書き換えるということも、可能であることになってしまうのではないだろうか。

過去化するということ

これらの問題をふまえた考え方として、過去と未来を別々の仕方で捉える、というものがある。たしかに、生まれるのを待ちながらじっと動かずに佇んでいる未来の人々がいる、という考えをばかげたものとみなしたくなるのはよくわかる。しかし他方で、過去は未来とまったく同じあり方をしているわけではない。過去のものは、現に存在したことがある。それらはかつて現在だったのである。この意味で、過去は実在全体の一部を成すものとして捉えられなければならない。そしてこう考える場合、過去性という性質は、現在のものではないが実在の一部である、ということによって説明することができるだろう。

右の考え方は、成長するブロックという比喩に結びつけて語られることが多い。この比喩において、現在は、中身の詰まった大きな直方体の上部に乗っている薄い層として捉えることができるだろう。その直方体には新たな層が次々に追加され続けている。ただし追加される位置はつねに、上部の表面の上である。カエサル、そして彼が行ったさまざまなことは、いずれもそのブロックのなかにあるのだが、その位置はいくらか下の方だ。一般に、なにが存在するのかについて私たちが語るとき、それによって意味されうることは二つある。一つは、今なにが存在するのかということである。現在に存在するものはブロックの上部の表面だけであり、その表面がまさに表面という位置を占めているのは、ほんの少しのあいだにすぎない。現在に存在するものというのはひょっとすると、数個の分子に相当するブロックの厚さしかないのかもしれない。しかしもう一つの可能性として、「存在するもの」という表現によりそのブロックの全体が指し示されている場合もあるだろう。ブロック全体は、宇宙の始まりから現在に至るまでの存在者すべてである。過去は今もブロック全体の一部だが、成長するブロックの上部に次々と新たな層が加わっていくにつれて、かつて現在だった出来事はどんどん表面から遠のいていく。出来事は過去化するのだ、という言い方もできるだろう。過去化はひとえに、出来事の上に新たな未来が積み重ねられることによって起こっている。

こうして私たちは、現在だけを特権視する考え方から、現在と過去の両方を特権視しつつ、未来には同等の身分をあたえない、という考え方へと移行したことになる。しかしこの第二の考え方をとったとしても、なにが現在とみなされるのか——現在はどれくらいの厚さなのか——という問題、および絶対的同時性の問題には、依然として直面せざるをえない。また、時間的性質をめぐる問題もある程度は残ってしまう。第二の考え方においても、現在性と過去性は出来事や物体の性質とみなされるからだ。成長するブロックという描像は、未来性という性質を不要なものとしたにすぎないのである。

哲学者の論争の的となってきた時間のモデルとして二つのものが挙げられる、としばらく前に述べた。ここまでみてきたのはその一つめのモデルであり、それは、現在性、過去性、(考え方によってはさらに)未来性という性質が出来事や物体によって所有される、ということに基づいて時間の経過を説明しようとする。だが右で確認したのは、このモデルを採用することによって、いたるところで奇妙な主張をしなければならなくなってしまうということだ。ひょっとすると問題は、議論の出発点で、時間は流れるものだ——つまり時間は、川の水のように過ぎ去っていくのだ——というよくあるイメージにあてはまるような理論を求めてしまったことにあるのかもしれない。しかし、時間の連続的な系列を理解する仕方には、そうしたモデルとは異なるものもある。その二つめのモデルにおいては、現在性・過去性・未来性という性質はいずれも存在しない。私たちに言えるのは、この世界の出来事や物体がそうした時間的性質をもつということではなく、それら各々の出来事・物体のあいだに順序関係が成り立っているということだけだ、とされるのである。出来事や物体のあいだには時間的な関係が成立しているのであり、出来事・物体はそのように関係しあっているかぎりで一つの連続的な系列をなしうる、というわけだ。

定刻より前か後か、それとも定刻ぴったりか

そうした系列を形成しうるであろう基本的な関係は、〈～は…より前である〉、〈～は…より後である〉、〈～は…と同時である〉の三つである。オバマの誕生はもちろん彼の死より前だが、リンカーンの暗殺よりは後だ。一方、リンカーンの暗殺は、ケネディの暗殺より前である。すでに確認したように、〔絶対的〕同時性という概念の正当性は物理学において否定されているが、その議論は、相異なる場所で起きる出来事についてだけあてはまるものだ。したがって、その議論を考慮に入れたとしても、オバマの誕生と彼の最初の一呼吸は同時である、といったことを主張するのは――それら二つの出来事が同じ場所で起こったと仮定すれば――なお許されるだろう。

さて、時間的性質を否定するこの第二のモデルにしたがえば、時間の流れや時間の経過といったものは、物体や出来事どうしのあいだに成り立つ〈～は…より前である〉および〈～は…より後である〉という関係を説明するために作りだされただけの、私たちを惑わす比喩だとみなすことができるだろう。第二のモデルにおいては、現在性の喪失と過去性の獲得、という仕方での性質の変化はまったくない。

このモデルによって新たに導入されている出来事どうしの時間的関係はいずれも、すべての時点において成り立つものである。たとえば、オバマの誕生はリンカーンの死よりも後だということは、どの時点においても成り立っている。ある状態から別の状態へと移行しなければならないものなど、一つも存在しないのである。また、時間をもののように――たとえば、さまざまな出来事がそこにおいて起こる媒体として――捉える必要もない。それゆえ、変化がなくても時間はありうるか、という問いをめぐって頭を悩ます必要もまったくないかもしれない。それについてあれこれ考える代わりに、この世界で起こるさまざまな出来事がどれも一つの順序のもとに――どれがどれの前なのかにしたがって――置かれている、と考えるだけでよいかもしれないのだ。問題の考え方にしたがうなら、それだけで時間という連続的系列が得られることになるからである。

右の段落の最後に述べた考えによって私たちは、一つのきわめて重要な問題の核心部へと導かれることになる。その問題においては、プラトン的立場とアリストテレス的立場の対立が、第2章で話題にのぼったのとは別の仕方で現れる。それは実のところ、本章全体を通じて背景に潜んでいた対立であり、次のような問いとして表すことができる。時間は客観的な実在性をもつものであり、時間のなかでなんらかの出来事が起こっているか否かによらずそれだけで独立に存在している――私たちはそう考えているだろうか。それとも私たちは、時間とは順序をもった出来事の系列にすぎない、と考えているだろうか。

私たちは時間を、変化が起こることを可能にする背景として、実在的なものとみなす必要がある

――本章冒頭での私の書き方はほとんどそう示唆していた。しかし、時間の実在性についてのアリストテレス的な見方にしたがえば、まずもって存在するのは変化――正確には、この世界で起こっているさまざまな変化のすべて、かもしれないが――であり、時間とはそれらの変化をもとにした一種の構築物である、と捉えられることになる。すべてのものが一年間にわたって静止し、その後だれにも気がつかれずに再び動きだす、という考えがばかげたものにみえるとすれば、おそらくアリストテレス的な見方のほうが魅力的だということになるだろう。この見方をとるとすると、時間は最初の出来事――ビッグバンを考えてみてもよい――によって始まった、と考えることになると思われる。「ビッグバンの前」にもなにかがあった、という考えは、アリストテレス主義者にとってはばかげたものなのである。しかし、プラトン主義者にとっては必ずしもそうではない。また、プラトン主義者は、ビッグバンが起こったのはいつなのかという問いに対して、なんらかの実質的な答えを支持する可能性もある。いわば、神に比するほどの桁はずれの大きさをもつある種の時計が存在して、それがあらゆる出来事の日付を記録している――プラトン主義者はそのように考えるのだ。それに対して、アリストテレス主義者の考えでは、その時計の針が動き始めた時点こそが、最初の出来事が起きたときに他ならない。

　こうしたアリストテレス的な見方を、出来事・物体に関する**永久主義**と呼ばれる立場と組み合わせることに一定の魅力を感じる哲学者もいるかもしれない。現在だけを特権視する立場と、現在と過去の両方を特権視する立場についてはすでに考察したが、永久主義者は、あらゆる出来事を――ある観点からみて未来である出来事であっても——同等の実在性をもつものとして捉える。二〇二〇年のオリンピック大会の開催が成功するかどうか私にはわからないが、仮に成功するとすれば、その大会は他のどの出来事にもまったく劣らず実在の一部である、と永久主義者は考えるのだ。この考え方はわかりにくいと感じられるかもしれない。ブロックのイメージをここで再び利用するならば、永久主義者は、かつて存在したものとこれから存在するもののすべてから成る一つの巨大なブロックとして実在を捉えている、と言える。私たちが位置している場所はそのブロックのなかのどこかであり、私たちは、自分の位置している時点よりも前になにが起こったのかを振り返って確かめることができる。他方で、私たちの観点よりも後にあるものを確認することはできない。しかしそうであるとしても、それらはいずれも同等の実在性をもっている——永久主義者はそう考えるのである。

なにが存在するのかについて考察するとき、私たちは、その問いを扱う枠組みを三次元的なものに限定したくなることがある。つまり、空間全体のなかになにが存在するのか、ということだけを考えるのである。しかし、そのように限定するのではなく、四次元的な枠組みで考えたほうがよいのではないだろうか。言い換えれば、時空の全体においてなにが存在するのかを考える、ということだ。オバマの誕生は、もちろん彼の死よりも前である。だが仮に、これら二つの出来事のうちの一方が未だ(私がこの文章を書いている二〇一二年の時点で)実在性をもたないのだとすれば、そのように主張することはできない。時空の全範囲を考察の対象としようという提案はこう考えるわけである。しかしそれはなぜなのか。根拠となるのは、次のような考えだ——一般に関係が実際に成り立つのは、その関係項（すなわち、当の関係によって関係づけられるもの）がいずれも実在性をもつ場合にかぎる。この考えにしたがうと、オバマの誕生は、存在しないものと関係をもつことはできない。それゆえ私たちは、オバマの誕生がオバマの死より前であるということを受けいれるかぎりにおいて、オバマの死に対しても実在性を認めなければならないことになる（それが起こるまでまだしばらく時間が残っていることを願っているのは言うまでもないが）。

これは魅力的な説明であるように感じられるかもしれない。時間は流れをもつ媒体である、という考えが不要になるからだ。しかし、その説明は時間という現象にみられる基本的なことがらを見逃している、という懸念もありうるだろう。実際、ある特別な質を備えた現在があるようにみえることは間違いない。各々の時点がいずれも存在しているかぎりで、それらすべてに同等の実在性を認めることに無理があるわけではないが、過去と未来のいずれにも備わっていないなにかが現在には備わっている、と論じることもできるのではないだろうか。では、現在だけに備わっているものとはなにか。それは難しい問いだが、ここでは次のように答えよう――過去や未来には備わっていないもの、それは、（少なくとも一つの場所・観点における）〈今〉という時点で起こっていることである、という特徴だ。時間とは出来事どうしのあいだに成り立つ一つの相対的な順序にすぎない、という考え方には、〈今〉と呼びうるものがいったいなんなのかを説明するための手だてがあるのだろうか。

時間の哲学における論点として言及に値するものがもう一つある。それは、時間が全体としてもっている構造にまつわる問いだ。私たちは、時間を一本のまっすぐな線として捉えることがある。その線には始点が一つあり、そこから続く点をたどっていくと、一つの終点に至る。しかし、時間を表す一本の線の形を描く方法としては、これとは異なるものもある。たとえば、時間は無際限に続く線であるという可能性が考えられる。時間という資源には限りがないかもしれない、ということだ。また、時間は双方向へ無限に続く線であるという可能性も考えられる。これらはいずれも時間を一本の線とみなす捉え方だが、それに対して、時間は先へ進むにしたがって分岐する、という可能性も考えられるだろう。二つの別々の時系列線があり、それらは唯一の出どころをもちつつも、なんらかの大きな違いに基づいて分岐したものである——時間は全体としてそんな構造をもっているかもしれない。日常的な捉え方からさらにかけ離れたものとして、時間は円を描いて何度でもくりかえす、という考えもあるだろう。この考え方をとったとき、宇宙の歴史における最初の出来事は、いったいなにが引き起こしたことになるのだろうか。ひょっとすると、宇宙の歴史における最後の瞬間〔に起こる出来事〕だ、と答えられるかもしれない。これらの可能性をめぐる論争は目下、哲学者の関心を集め続けている。読者のなかには気がついている人もいるかもしれないが、右に挙げたさまざまな理論的選択肢のうちのいずれかを支持するにあたっては、これまで考察してきた論点のいくつかに対してどのような立場をとるかということが、その選択の一つの根拠になりうるはずである。

＊1　この段落では、「絶対的同時性の概念と衝突する理論的帰結」をもつ物理学の理論として相対性理論が言及されているが、問題の帰結(すなわち、同時性の相対性)を説明する具体例としてマンフォードが引

きあいに出しているものは、不適切であるか、誤解の余地のあるものだと思われる。それをふまえて、全体としてできるだけ正確な叙述になるように、必要最低限の補足的説明を本文に挿入してある。この点に関して的確な助言をくれた森田紘平氏に感謝する。なお、関連して次の注2も参照。

＊2 「相対性理論に基づく考察として右で述べたこと」は、同時性の相対性に関して直前の段落で述べられたことを指すが、正確に言えばその考察は、「過去の事実であってもなお私に見えるものがある」という論点とは無関係である。この論点にはたしかに相対論的な事実が関係するが、その事実は、同時性の相対性ではなく、光速度を超えて情報が伝達されることは不可能である——たとえば、特定の時点での太陽の姿に関する情報が地球上の観測者に届くまでに、必ず一定の時間がかかる——という事実である。

第7章　人とはなにか

第1章で登場した個別者の例には、机や椅子といったものが含まれていた。これらは無生物であり、自ら動くことのないものである。一方、その他の個別者のなかには、猫や犬といった動物も含まれている。そして、人間もまた個別者であるという点では同じだが、人間にはなにか特別なところがあるようにみえる。もちろん、私たち自身にとって人間はきわめて重要だ。ではその特別な身分に、形而上学的な根拠はあるだろうか。人間には心があり、また一部の人々の考えでは、人間には魂ないし精神が備わっている。そうであるとすれば、人が時間を通じて持続するということがどういうことかは、机のような純粋に物理的な物体が持続するのがどういうことかとは異なっている可能性があるだろう。

「人(person)」という言葉によって私が指し示しているのは、必ずしも人間(human being)というわけではない。おそらく、私の知っている人はすべて人間だろう。しかし、人間でない人が存在するということは、少なくとも概念的には可能であるように思われる。ジョン・ロックという哲学者は[人の概念を]そのように理解している(一六九〇年に出版された『人間知性論』を参照のこと)。*1 どんな動物であっても、真に知性をもつのであれば、原理的には人としての基準をみたしうる――ロックはそう強調しているのだ。他方で、人間が人としての基準をみたさないということも原理的にはありうる。後者の可能性には論争の余地があるだろう。人間から人という身分を剥奪するのは、人間に対してなしうる最悪のことの一つであるように思われるからだ。しかし、たとえば永続的に植物状態にある人間がそれでも人とみなされるかどうかに関しては、これまで実際に議論がなされている。

ではいったいなにが、あるものに人としての資格をあたえるのだろうか。ロックは知性に言及しているが、より一般に、次のようなことが言えるかもしれない――人は考えるものであり、意識をもつことができる。言い換えれば、思考と感覚を経験するもの、それが人であるということだ。人は、記憶・信念・願望・情動をもちうるし、さまざまな行為をなすこともできる。そして、行為をなしうるということによって、人は道徳的な行為主体、すなわち、自分の行うことに対して責任がある主体になる。仮にこれらすべての能力をある動物がもっているとすれば――その能力をもつのが動物ではなくコンピューターであったとしても同じだが――それは人としての身分をもつにふさわしい、と考えてよいだろう。

記憶に感謝しよう

たしかに一見したところ、今述べたような思考と感覚の能力は、あるものに人という資格をあたえている当のものであるようにみえる。そしてここからは、一つのきわめて重要な含意が出てくる(それはロックも理解していたことだ)。私たちは、机が時間を通じて持続するのは同一の物理的部分をもつことによってである、と考えているが、それと同じことが人にもあてはまるとは考えていない。ここには難しい問題がいくつかある。第4章で確認したとおり、現に実体は、その部分にある程度の変化があっても存在し続けることができる。自動車のエンジンのスパークプラグを交換しても、その自動車は同一の自動車であり続ける。また、生物の場合に関して言えば、その身体はつねに自分自身で組織の入れ替えを行っている——たとえば、古くなって機能を失った皮膚を落とし、その代わりに新しい細胞を生みだす——ということを私たちは知っている。しかし、これらの事例において、私たちが当該のものを同定し、また時間を隔ててそれを再同定するために用いるのは、やはり物理的な特徴だ。一方ロックの考えにしたがえば、人の場合、それが存在し続けることにとって決定的なのは、記憶——つまり、心理的な連続性——である。私がまだわんぱくな小学生だった頃以来、おそらく私の身体は何度も自分自身で組織の入れ替えを行ってきたわけだが、そうである以上、今の私がそのわんぱくな小学生と同一の人であるということを成り立たせているのは、自分がその小学生だったのを今の私が覚えているということに他ならない——ロックはそう考えたのである。

だが、ここで私たちの心のはたらきを記憶に限定する必要はまったくない。というのも、現に私は自分のしてきたことの大部分を忘れてしまっているからだ。その一方で私は、当の小学生がもっていたのと同じ信念をある程度は受け継いでいるし、さらには、願望、そして心の弱いところや危なっかしい揺れ動きに関しても、その小学生にあったのと同じものをやはりある程度は受け継いでいる。もちろん、必ずしもすべてが同じというわけではない。たとえば、その子どもはサンタクロースが存在すると信じていたが、今の私はそれを信じていない。しかし、その子どもと今の私のあいだにみられるそうした種々の変化は、一度に少しずつ、段階をふんで起こったものであり、したがって、それらの変化を通じて一定の連続性がある、と言うことができる。心理的な連続性に基づく説明に対しては、この種の柔軟性を認めることが必要であると思われる。

この点をより詳しく説明するため、一つの可能性として次のような状況を考えてみよう。昔、ある日のこと、ひとりの小さな子どもが走って学校から家に帰ってくる。私は今、自分がその子どもだったことを覚えていない(私の母はかなり頻繁にその話を私に聞かせてくれていたのだが)。その一方で私は、自分がハダースフィールド・ポリテクニックを優等で卒業した人であることをたしかに覚えている。それゆえ、ロックの説明にしたがえば、私はその卒業生と同一であることになる。しかし問題なのは、(ありうる状況としてこう仮定するが)その卒業生である若い男性は、自分が走って学校から家に帰ってくる子どもだったのを当の卒業の時点でたしかに覚えている、ということである。この事実のゆえに、卒業生である当の若者は、その小さな子どもと同一であることになる。だがそれと同時に、今の私は——走って学校から家に帰ったのを覚えていない以上——その小さな子どもと同一ではない。そしてこの二つのことは、私とその卒業生は同一の人だ、という右で確認した点と折りあわない。[*2] このように記憶は時が経てば薄れてしまうのだから、先ほど述べたように、変化はゆるやかに起こりうるということ、そしてそれによって保証されるかぎりでの連続性があるということを認める必要がある。ウィトゲンシュタインは、この点を考えるためにぴったりのイメージをあたえてくれている。一本のロープを形成する個々の繊維は、当のロープ全体のうちある一定の区間しか伸びていない。つまり、一方の端から他方の端まで伸びているような単一の繊維があるわけではない。しかしそのロープは、諸々の部分が互いに重なりあいながら一続きになっていることによって、端から端まで伸び広がることができている。私たちひとりひとりに備わっている心理的な連続性は、まさにこのようなものであるに違いない。*3

私たちがまさに私たちであるということを成り立たせているのは、私たちの心に他ならない——この考え方は、さらに強い主張へと一部の人々を導いてきた。デカルトの考えによれば、私たちには身体と心という二つの部分がある(一六四一年に出版された『省察』を参照のこと)。そして、私たちにとって真に重要なのは心である。私たちはその本質的なあり方として、考えるものである、というわけだ。しばらくのあいだ、私たちは肉体をもち、やがては死ぬ運命にある生物の姿をしている。しかしデカルトの考えでは、私たちは、身体が死んでも存在し続けることができる。身体の死後も、私たちの心が不死の魂として存続することになるだろう、というわけである。これはすぐれて形而上学的な主張であるが、ひょっとするとありふれた主張でもあるかもしれない。少なくとも、信仰をもつ人々のあいだによくみられる主張であることは間違いない。私たちは不死の魂をもつという信念は、神が存在するという信念と並んで、おそらくあらゆる形而上学的な信念のなかでもっとも広く行きわたっているものの一つだろう。そのことが示しているのは、形而上学というものは私たちがふつう思っているよりもたくさんいる、ということだ。

しかし、哲学者はその常として、楽しいパーティを台なしにするようなことをしがちである。哲学者は、私たちの慰めとなる信念の多くに懐疑的で訝しげな眼差しを向けるのだ。魂の存在を信じる人々に対して哲学者が投げかけようとする懸念は、少なくとも二つある。そのうちの一つは、具体的にどのようなものが精神的実体であると考えられるのか、というものである。もう一つは、そのような精神的実体がいかにして物理的な実体と相互作用することができるのか、というものである。その相互作用は、私たちが人間として生きている一定の期間、心と身体が統合されているときに起こると考えられているのだが、そんなことがいったいどのようにして可能になっているのか、というわけだ。

デカルトの考えによれば、物質——デカルト自身は「物体(corpus)」という言葉を使っていたが——の本質は、延長である。つまり、物質的なもの——物質が物理的にまとまったもの——は、空間のなかに一定の広がりをもつ、ということだ。言い換えれば、物質的なものは縦・横・高さという三つの次元をもっている。また、物質的なものは空間において一つの位置をもっている、と付け加えることもできるかもしれない(ただし、空間における位置とは他の物体に相対的なものでしかない、という可能性もある)。しかし延長だけでは十分でない。物質の本質に関してデカルトは、誤った考え方をしているように思われる。なぜなら、物質がなにもないような空間領域も延長をもちうるからだ。私の部屋の中央あたりには、たとえば一立方メートルにわたって、物体のまったく含まれていない範囲がある。その空間は一定の広がりをもっているが、それ自体として物理的なものであるわけではない。物理的なものが存在するために必要なのは、一定の広がりをもつその空間領域の中身が満たされている、ということである。だが、なにによって満たされていなければならないのか。物理的なものによってである、と答えてしまうと、議論が堂々めぐりに陥る。ここで明らかにしようとしているのはまさに、物理的なものとはなにか、ということだからだ。中身が満たされている、ということの代わりに提案されてきたものとして、**不可入性**〔当該のものと同じ位置を占めることができないということ〕という概念がある(これは、**固性**と言い換えることもできる)。要するに、延長をもち、かつ不可入であるということ、それが物質の本質であるとされるのだ。おそらく、気体と液体に関してはかなり複雑な議論が必要になるだろう。それらは物理的なものであるが、ふつう私たちが物理的なものに対して想定しているのと同じような固性はもっていないからである。とはいえ、ひとまずこの基本的なアイディアを認めて進むことにしよう。

精神的実体は、物質的なものとは対照的に、空間のうちに広がりや位置をもっていないし、不可入でもない。これらはいずれも物理的な属性である。精神的実体は、空間のなかにはまったく存在しないと考えられている(ただし一部の哲学者は、精神的実体は時間のなかで存在すると考えている)。映画では、幽霊が半透明なものとして描かれていることがある。それが示唆しているのは、幽霊というのは本当は物質的なものではない、ということだ。また、幽霊は壁を通り抜けることができるということから、幽霊は不可入性をもたないものとして考えられていることがわかる。もしかすると、幽霊はそもそも一定の場所に存在するものとして描かれないほうがよいのかもしれない。いずれにせよ、幽霊デカルトの考えによれば、心の本質は**思考**である。つまり、私たちの心とはそれぞれ一つの考えるものであり、この考えるものこそ、肉体が失われても存続しうると捉えられている実体に他ならない。思考もまた、空間的属性をまったく必要としないように思われる。それゆえに私たちは、身体をともなわずに思考が存在する状況を想定することができるのだ。ここで次のように仮定してみよう。あなたは、今日は火曜日であると信じている。またあなたは、サルバドール・ダリの原画が欲しいと思っている。このとき、ダリの絵が欲しいというあなたの欲求は、今日は火曜日であるというあなたの信念の左にあるだろうか、それとも右にあるだろうか。おそらく、この問いに対して理解可能な答えは存在しないだろう。信念〔や欲求のような心的状態〕は、位置に関する特徴をもたないからである。

こうして、私たちの住む世界が、心的なものと物的なものが別種の実体として存在しているような世界であるか否かということが、一つの問いとして現れる。それは、典型的な形而上学的問いである。この問いに肯定的に答える立場は、**二元論**と呼ばれている。そうした立場は、ただ一つのタイプの実体によってあらゆるものごとを説明することができるとする立場からの反論にさらされている。たとえば唯物論は、心的なものはすべて物質的なものに還元することができる、と主張する。観念論は、逆に、物質的なものはすべて心的なものに還元することができる、と主張する。この二つの考え方のいずれにおいても、一方のタイプの実体について成り立っていることはすべて、他方のタイプの実体について成り立っていることによって説明できる、とされるのだ。しかしここでは、物質的なものと非物質的なものという二つのタイプの実体がいずれも存在する、という主張を維持する場合のことを考えてみよう。その場合には、それら二つのタイプの実体がいかにして相互作用するのか、というさらに別の問題に直面することになる。

精神があなたを動かすとき

考えるものが物理的な肉体をもつ以上、心と身体が因果的に相互作用するということは明らかであるように思われる。あなたがなにかしようと心のなかで決断すると、その決断によって、それからあなたの体になにが起こるのか、そしてその体がどのようなふるまいを示すのか、ということが影響を受ける。たとえば、バスに乗るために走ろうという決断によって、あなたの足が動く。また、恥ずかしい出来事を思い出すことによって、あなたの顔は赤くなる。そして逆に、あなたの身体に起こることは、あなたの心に影響をあたえる。たとえば、身体のどこかに怪我をすると、あなたは痛みを感じる。また、身体が疲れていると、あなたはものを考えるのがつらくなるし、あなたの思考は頼りにならないものになる。さらに、あなたの身体の感覚器官に物理的な刺激があたえられることによって、知覚が引き起こされる。二元論者によれば、私たちのもつ思考・感覚・知覚はすべて、心的なものの領域のうちに存在している。二元論者は、心と身体が相互作用するということを必ずしも受けいれなければならないわけではないが、そのことを否定するとすれば、二元論者は「相互作用があるようにみえるということについて」なんらかの説明をあたえる必要がある。

そういうわけで、二元論者が直面することになるであろう困難な問いは、次のものである――心と身体が、二元論者の主張するように異なる種類のものであるとすれば、両者はいかにして互いに影響をあたえあうことができるのか。心的なものと物的なものに関して右であたえた説明が示唆するところでは、両者は非常に異なったあり方をしているために、両者のあいだに因果関係が成り立つことは不可能であるようにみえる。一つの物理的なものによってもう一つの物理的なものが引き起こされるとき——たとえば、蹴ることによってボールの動きが引き起こされるとき——には、一方から他方に対して圧力が加わる。蹴り足からボールに対して、運動ないし運動量が伝達されるのだ。そのことから私たちは、因果を物理的なプロセスとして捉えている。しかし、心的ないし精神的なものは、空間のうちに位置や広がりをもっていないし、固性ももっていない。そうであるとすれば、固性をもつものの運動がいかにして心的なものに影響をあたえうるというのか。そのような関わりあいは、いったいどこで起こるのだろうか。物理的に運動するものは、心的な実体のなかをなんの影響もあたえずに通り抜けてしまう——ちょうど映画によく出てくる幽霊がそう描かれているように——だけではないだろうか。

これが心身の相互作用の問題である。この問題がきわめて困難なものであるために、一部の二元論者は、仕方なく問題の相互作用の存在を否定するようになった。すなわち、見かけに反して、実は心と身体は相互作用していないのだ、というわけである。またこれとは異なる応答として、心身の相互作用を説明するためには〔物的なものどうしの相互作用に対して適用されるのとは〕異なる因果の概念が必要だと主張する、というものもあるだろう。因果という概念の適用範囲を物理的な因果に制限するのであれば、その概念が精神的実体に対して適用不可能であることは言うまでもないからだ。

だが一部の哲学者は、この問題は二元論を捨てるための十分な理由だと考えている。先ほど述べたように、そうした哲学者がとりうる一つの道は、心的なものをすべて物的なものによって説明しようとする考え方〔唯物論（物理主義）〕である。ひょっとすると、心は脳で起こっているさまざまなプロセスにすぎないのかもしれない。ただし、そうした主張は必ずしも、心的なものの物的なものへの還元を全面的な仕方で成し遂げようとするわけではない。全面的な還元ができることを主張する哲学者は、たとえば、痛みはある特定のタイプの脳内プロセスにすぎないとか、今日は火曜日だという信念はある特定のパターンで起こるニューロンの発火に他ならないとかいったことを主張する。しかし心の複雑なはたらきが、そうしたタイプの単純な物理的出来事によって説明できるとは考えにくい。そこで物理主義者は、次のように主張するだろう。心に対しては、物的なものを引きあいに出すような説明が――たとえその説明の細部が驚くほど複雑なものであるとしても――究極的にはなにかしら存在する、と。ここで私たちは、第3章で論じた問題を思い出し、問いを次のように表現することもできる。意識は、諸々の物理的部分が適切な仕方で配列されることで生みだされたものにすぎないのか。それとも、意識はそれに尽きないなにか、つまり、創発するなにかであるのか、と。

第3章と同じ議論をここでくりかえすのはやめておこう。人というものについて、議論しなければならないことがまだ他にもあるからだ。先ほど、ロックにしたがって次のように示唆しておいた――あるものが人としての基準をみたすためには、感覚・思考・行為を経験することができるような、十分に高度なあり方をした心をもっていなければならない。この基準が、物理的なものを引きあいに出すことによって究極的に説明できるものであるかどうかは、以下での関心の的ではない。これからすべきなのは、本章の最初に紹介した考えを再び検討することである。つまり、過去と現在を通じてある人が同一であるということを成り立たせるのは心理的連続性である、という考えだ。以下で扱う問題には、実は第1章で数的同一性について考察していたときにすでに出会っている。すなわちこれから考えたいのは、ある時点で存在する人がそれより後のある時点で存在する人と数的に同一である、ということを成り立たせるのはなにか、という問題である。

二つのものを一つにはできない

心理的連続性を引きあいに出すのはうまい考え方だが、それには問題もある。同一性は、人の同一性を含め、どんな場合でも一対一の関係であると考えられているのに対して、心理的連続性は必ずしも一対一の関係であるとはかぎらない、という問題だ。ここで「一対一の関係である」という表現によって言おうとしているのは、次のようなことである。二〇一二年にいる任意の人に対して、その人と同一である二〇〇二年の人は――この年までにその人が生まれていれば、少なくともひとりは存在するわけだが――たかだかひとりしか存在しえない。同様に、二〇一二年にいる任意の人に対して、その人と同一である二〇二二年の人は――この年までずっとその人が生きていれば、少なくともひとりは存在するわけだが――たかだかひとりしか存在しえない。要するに、任意の時点にいる任意の人に対して、その人と同一である人は、他のどの時点においてもたかだかひとりしか存在しない、ということだ。

しかし心理的連続性に関しては事情が異なる。ある時点にいるある人に対して、その人と心理的連続性をもつ人が、他のなんらかの時点においてふたり以上存在しうるからだ。どのような状況であればそんなことがありうるのか、という問いに対しては、次のような例を示すことができる。今は昔、一九六〇年代に放送されていたテレビドラマ「宇宙大作戦(スター・トレック)」の「ふたりのカーク」という回で、カーク船長は転送装置の故障によってふたりに分裂してしまう。そこに現れたふたりの「新しい」カークはいずれも、自分がスターフリートアカデミーを卒業したことを覚えており、ふたりとも、自分を転送するよう自らスコットに頼んだことを覚えている。転送装置はどういうわけか、細部に至るまで——身体的にも心理的にも——よく似たふたりのカークを生みだしてしまったのである。これはもちろんSFのなかでの話だが、当の状況は論理的には可能であるように思われる。哲学者にとって重要なのは、その状況がありうるということだけだ。「宇宙大作戦」の物語のなかでは、そのふたりのカークのあいだに実はいくらか違いがある。一方は、邪悪な面や攻撃性をすべて受け継ぎ、他方は、善良な面や優柔不断なところをすべて受け継いでいる。とはいえ、それぞれがもとのカークに似ている程度は同じであり、さらには、ふたりの新しいカークのあいだにまったく違いがないような状況も想像することができるだろう。「ふたりのカーク」の回の終盤では、ふたりは言い争いとなり、「カーク船長は俺だ!」「違う! カーク船長は俺だ!」などと互いに言い張っている。

右に述べたことによって、人の同一性に関する心理説はいくらか困難な状況に置かれる。新しいカークはふたりである一方、もとのカークはひとりだけである。そうである以上、新しいふたりのカークはいずれも、もとのカークと同一でありえないように思われる。同一性は一対一の関係だからだ。ここでさらに、次のような状況を想定してみよう。転送装置によってひとりめのカークがもとのカークと変わらぬ姿で現れた後、スコットは、故障した装置がもうひとりを作りだそうとしているのを発見する。二人のカークができてしまえば、もとのカークは事実上、存在しなくなることになってしまう――そのことを理解したスコットは、転送装置が分解されたカークを再構築するプロセスの二回めを完了させてしまう前に、そのカーク第二号を破壊することを決断する。

この第二のストーリーにおいては、転送された後のカークはもとのカークと同一であるようにみえる。転送後のカークともとのカークとのあいだには十分な心理的連続性があり、しかも、転送後のカークはひとりしかいないからだ。転送装置から出てきたその男には、カークとの同一性をめぐって争わねばならないような相手はいないのである。しかし、ある種の特徴を備えた別の人が存在するか否かが、なぜそんなにも重要であると考えなければならないのか。同一性が成り立つかどうかは、当該の(複数の)存在者に関する事情だけで決まる事実でなければならない、と考えてもよいのではないだろうか。はたして、他のだれかが存在するかどうかということによって同一性の有無が左右される、と本当に考えなければならないのだろうか。私は、大学を卒業したその若い男と自分が同一であるということを強く確信しているが、次のような可能性を排除することはできない――昨夜、あるマッドサイエンティストが私の寝室に侵入し、脳と身体を完全にスキャンする装置を使う。そして今朝どこかで、その装置によって私の複製が作られる。そのような複製がどこかに隠されていないかどうか、私にははっきりとはわからない。そうである以上、一九八九年にハダースフィールド・ポリテクニックを卒業したその男と自分が本当に同一なのかということも、私にははっきりとはわからないことになってしまう。

すべては心のなかにある?

ここまで私は、ロックに由来するアイディアにしたがって、心理的連続性こそが人の同一性にとって決定的なものである、という考えに付きあってきた。だが、この説明が正しいと信じることは本当にできるのだろうか。マッドサイエンティストがどこかであなたの複製を作ったときには、その複製がいることにより、あなたとまったく同じ心のあり方をしたものが存在していることになる。そうなると、あなたはもはや、もともと存在していた人と自分が同一であると主張できなくなってしまうのではないだろうか。この問題に対して、過去のその人と自分との同一性を主張するとすれば、次のように言うことができるだろう――「この私は、もともと存在していた生物なのだから、マッドサイエンティストの作った複製ではなく、私こそ本物である」と。つまりあなたは、もともと存在していた人との心理的な連続性に加えて、身体的な連続性も引きあいに出すことができるのである。あなたは、昨日の夜に横になったのと同じベッドで目覚めたのであり、それら二つの時点のあいだに、あなたはその場所を離れていない。今のあなたと、過去の全期間を通じてあなたである人とのあいだには、一本の時空的に連続した線を引くことができる。それに対して、マッドサイエンティストの作った偽者に関しては、そのような線はまったく存在しない。その偽者が作られたのは、あなたのいるところから五マイル以上離れた、町の反対側のむさくるしい研究室のなかである。気の毒なことにその偽者は、自分をあなたと同じ人だと思ってしまうかもしれないが、そいつはあなたではない。なんと哀れなやつだ。

この考え方の説得力を増してくれる考察がもう一つある。それは次のようなものだ。あるアメリカ人の歴史学者が、ジョン・F・ケネディについて書かれた既存の資料をすべて読む、という状況を考えよう。その歴史学者は、ケネディ研究の分野で、世界的な第一人者になるだろう。しかしその人は、学者としての経歴を重ねるなかで研究に打ち込みすぎたために、完全な神経衰弱状態に陥ってしまう。結果としてその人は、自分はジョン・F・ケネディであって、一九六三年一一月に始まった昏睡状態からちょうど目を覚ましたところだ、と信じるようになる。その人は、ケネディについて非常に多くのことを知っているので、「自分」がしてきたあらゆることについて、いつでも語ることができる。その人は、ケネディのしてきたことをすべて一人称的な観点から語るのである。妄想のなかでその人は、自分がピッグス湾事件とキューバ危機の期間に大統領だったことを覚えている。

このことが示しているのは、人の同一性に関してロックが提示した記憶による基準は不十分である、ということだ。私たちは、正しい記憶と誤った記憶とを区別することができる。誤った記憶とは、なんらかの点で現実と合っていない記憶である。たとえば、特定の話をあまりにも頻繁に聞いたために、事実に反して、その場面に自分が直に居合わせたと信じるようになってしまう、という場合がある。あることを記憶していると思うだけでは、それが記憶であるために十分ではないのだ。

したがって、一人称的な証言だけによって、記憶が本物になるわけではないということになる(あるいは、それだけによって、記憶と思われるものがたんなる疑似記憶ではなく本当の記憶とみなされることはない、と言ったほうがよいかもしれない)。そうであるとすれば、本物の記憶と架空の記憶とを区別するための根拠が、他になにか存在するはずである。その根拠になるものとして、時空における身体の物理的連続性よりもよい基準があるだろうか。右で想像した歴史学者はケネディではない。それは、その人がケネディとの身体的連続性をまったくもっていないからだ。ケネディの身体は今も、バージニア州のアーリントン墓地にある。それに対して、その歴史学者はアーリントンに一度も行ったことがない。さらには、ケネディがダラスで殺されたまさにそのとき、その歴史学者はニューヨークにいる一人の少年だった。その他にも、ふたりのあいだに身体的な連続性がない証拠はまだまだ挙げられる。

人の同一性の基準として身体に基づくものを採用するならば、先ほど提示したような問題のある事例のうち、一部は解決することができる。しかし、必ずしもそのすべてではない。「宇宙大作戦」のテレポーテーションの事例において、問題のふたりのカークは、もとのカークとの心理的連続性に加えて、物理的連続性も同等にもっていると言ってよいからだ。また、人がアメーバのように身も心も分裂してしまう、ということも原理的には可能であるように思われる。もっとも、このような事例においては同一性が失われる、と認めてしまえばよいのかもしれないが。

そうすると結局、人とはなんなのだろうか。この問いにどう答えるかは、まず、私たちは魂であるという考えを受けいれるか否かに依存するだろう。もし私たちが身体と不可分に結びつきあっているのだとすれば、なにが私たちを——ある一時点においてだけでなく、一定の時間を通じても——私たちたらしめているのかということに関して、心理的要素と物理的要素はどちらも不可欠なものであるように思われる。しかし、心理的連続性と物理的連続性を組み合わせたとしても、それだけによってあらゆる場合に人の同一性の有無を判定できるとはかぎらないかもしれない。

＊1　人の同一性についてのロックの見解は、『人間知性論』第二巻、第二七章「同一性および差異性について」(とくに同章の第八節以下)で論じられている。

＊2　ここでの議論は、同一性についての推移律、すなわち「任意の x、y、z について、$x=y$ でありかつ $y=z$ であるなら、$x=z$ である」という原理に依拠したものとして理解できる。すなわち、記憶に基づく同一性の説明にしたがうと、「今の私＝卒業生」「卒業生＝子ども」「今の私≠子ども」のすべてが真であることになるが、これは今述べた推移律に反する、という問題点がここで指摘されている。

＊3　ルートヴィヒ・ウィトゲンシュタインの『哲学探究』第六七節にこの比喩が現れている。

第8章　可能性とはなにか

「俺はタイトル挑戦者にだってなれたんだ(I coulda been a contender)」――これは映画史のなかでもっとも有名なせりふの一つである(一九五四年『波止場』でのマーロン・ブランド)。[*1]彼は本当にタイトル挑戦者になれたのだろうか。一方で私たちは、現実ではない多くのことがらを、可能なものとして受けいれている。もし道中でなにか事故が起きていたら、あなたが約束に遅れるということもありえた。マイケル・フット〔イギリス労働党の政治家〕は首相になることもできた。エッフェル塔は、一九〇九年に解体されていたこともありえたし、現実の高さ〔三二四メートル〕の代わりに三五〇メートルの高さをもつこともできた、などなど。他方で私たちは、多くのことがらを可能でないものとみなしている。あなたは月まで自力で飛んで行くことはできないし、鉛が金に変化することはできない。またヒョウがニワトリに変化することもできない、などなど。さらにものごとのなかには、可能であるかそうでないかのいずれかだが、私たちにはそのどちらかわからないものもある。たとえば、私たちはガンの治療薬を探し求めているが、そのような薬が可能であるかどうか今のところ知らない――可能であってほしいと願ってはいるけれど。あるいは、地中から粘り気のある黒い油が初めて発見されたとき、それが自動車を動かすことを可能にすると考えた者はだれもいなかっただろう。科学と技術はしばしば、事物のなかにあるそれまで知られていなかった可能性を発見することで進歩するのだ。

しかし、これらの可能性とはいったいなんなのだろうか。それは実在の一部分なのだろうか。私たちはこれまで、実在を構成するさまざまな部分のリストを作ってきたが、そのなかには、個別者、性質、変化、因果といったものが入れられた。では可能性についてはどうだろうか。それはものの一種、ある種の存在者なのだろうか。それとも、可能性とはたんなる思考の産物、つまり、私たちが考えはするが本当のところ世界の構成要素ではないようなものなのだろうか。

これらの問題に取りかかる前に、明確にしておくべき点が一つある。以下で考察される「可能性」は、可能であるけれど現実ではないもののことである。これを断っておくことは、右の問いへの答えが自明でつまらないものになってしまわないために重要だ。現実であるすべてのことは、当然可能でもある(もし可能でなかったのならどうして現実になりえたというのか)。よって、現実でもあるような「可能性」を考えるなら、それが実在的であるのは当たり前だ。この点に異論の余地はない。ロンドンが英国の首都であることは、可能であると同時に現実である。だからそれは、たしかに実在の一部である。また、過去の事実についての立場次第では(第6章を参照)、ウィンチェスターが一〇六六年まで英国の首都であったことも実在の一部だ。しかしながら、本当に興味ぶかい形而上学的な問題は、現実ではないような可能性について考えるときに生じる。私たちはそのような非‐現実の可能性を「たんなる」可能性と呼ぶことで、この区別を印づけることもできるだろう。たとえば、リンカーンが一八六五年の銃撃事件を生き延びることはたんなる可能性であり、また、ウェイン・ルーニー〔イングランドのサッカー選手〕が首相としてデイヴィッド・キャメロンの後を継ぐこと、ビーストンが現在の英国の首都であることもたんなる可能性である。とはいえ、「たんなる」という語をこの先ずっと使い続けると読者はうんざりしてくるだろうから、これ以降は、なにも付けずに可能性と言うときには非‐現実の可能性のことを意味する、という決まりにしておこう。

でもありえた、であっただろう、であったに違いない

そういうわけで、以下の考察の中心は、右に挙げたような非‐現実の可能性というものが実在的かどうかという問いだ。ある意味では、そうした可能性は明らかに実在的ではない。あなたが道路で「前方に車列の可能性あり(Possible queues ahead)」という標識を見たとしよう。[*2] この場合、もしあなたがたんに可能的な車列があるだけだということをわかっているとすれば、あなたが危惧するべきものはなにもない。あなたを遅らせることができるのは、現実の車列だけだからである。同様に、ビーストンが首都でありえたことも、実際上なんの違いももたらさない。あるいはまた、エッフェル塔は高さ三五〇メートルでもありえたが、この塔の上を通過する気球はそのことを考慮する必要はない——ただ塔の現実の高さを考慮すればそれで十分である。

だがそうは言っても、もしある可能性が現実になりうるなら、それを無視するのはやはり愚かなことであるように思える。もしひとが頻繁に、あまりにも長い時間日光を浴びるなら皮膚ガンになる可

能性があるし、もしタバコを吸うなら肺ガンになる可能性がある。ひとは当然、これらの可能性を無視するべきではない。あるいは、あるガラスが脆いという場合、それが意味するのは、そのガラスが比較的容易に割れうるということである。このことは、ひとがそのガラスをどう扱うか――もしそれを割りたくないとすれば――に影響を及ぼすことだろう。さらに、あなたが高速道路で車を運転するときにはいつも、無数の可能的な衝突事故――あなたの不注意によって生じうる――が待ち構えている。あなたはまさに、それらの可能的な事故を現実のものにしてしまわないために注意を払わなければならないのだ。このような仕方で、私たちを取り巻くさまざまな可能性は、私たちが世界と関わる仕方に一定の方向づけをあたえている。それゆえ、それらはある種の実在性をもつように思える。

したがっておそらく、可能性には二つの種類のものがある。一方で、エッフェル塔が高さ三五〇メートルでありえた――あるいは四五〇メートルでさえありえた――ことは、なんの実際上の意義ももたない。この塔に対して私たちがどうふるまうべきか、たとえば熱気球でその上を通過する際どうするべきかに影響するのは、その現実の高さだけだ。しかし他方で、なんらかの重要な意義をもつような可能性もある。それは、私たちのふるまいによって容易に現実化できるような可能性である。そしてこうした可能性のなかには、私たちがその実現を避けたいと思うもの(たとえば不注意から車の衝突事故を起こすこと)だけでなく、私たちがその実現を目指すようなものも数多くある。たとえば、お金持ちであること、教養豊かであること、すぐれた運動能力をもつこと、などは可能なことであり、じじつ多くの人々はそうなるために努力している。

私たちはすでに(第5章で)、可能性とはなにかを理解するうえで有用だと多くの論者がみている一つの考えに出会った。因果性について考察した際、私たちの世界で生じている出来事のうちの一部が生じないような、この世界とは別の可能世界が存在する、という説をみたことを思い出そう。この可能世界という概念は、因果性の説明に役立つだけでなく、より広い範囲で使用できる。目下の文脈で問題となるのは、ある可能性について考えるとき、私たちは、ある別の可能世界で起こる(ないし事実である)なにかについて考えている、というアイディアだ。たとえば、マイケル・フットが首相であるような世界が存在し、また(これと同じ世界とは限らないが)、エッフェル塔が高さ三五〇メートルであるような世界が存在する。そしてさらに別の可能世界では、リンカーンは銃撃事件を生き延びて老衰によりその人生を終える。この見方によると、私たちの世界がもつすべての可能性は、他のなんらかの世界における現実である。それゆえ、諸々の可能性と同じ数──これはおそろしく多そうだ──だけ、可能世界はたくさんあるということになる。

しかし、これらの可能世界とはなんだろうか。それらは実在の一部なのだろうか。まず注意しておくと、ここでいう可能世界とは、地球とは別の惑星のようなものではない。よくあるSF小説などでは、そうした他の惑星が「世界」と呼ばれたりするが、前段落でいう世界とは、一つの宇宙全体である。私たちの世界──現実の世界──は、〔現に〕存在するすべてのものを包摂する。それは一つの空間・時間的な総体であり、そのなかに位置する性質、個別者、変化、因果といったもの──私たちがその一部であるところの包括的全体を構成するものたち──すべてを備えたものである。そして現実世界とは別の可能世界も、これと同じように包括的なもの、つまり、それぞれの惑星や恒星、人々、些細な事実、机、椅子、首相、首都などを含んだものとして想定されている。もっとも、さまざまな可能世界のなかには、そのうちにまったく生命の存在しないものがあるだろうし、きわめて広大な世界やごく小さな世界もあるだろう。さらには、空間的に対称的な関係に立つ二つの物体だけを含むような可能世界(私たちは第1章でこのような世界に出会った)さえあるだろう。

別の世界では

しかしここから先は、論者たちの意見が分かれる。一つの見解によると、今しがた述べた意味での可能世界はすべて、私たちの世界とまったく同じだけ実在的である。このような見解があるというのは驚きかもしれないが、ともかくそれによると、あらゆる可能世界は言葉の完全な意味で、私たちの世界が存在するのと正確に同じ仕方で存在する。あなたの前にある机が、強く叩くと音の出る一つの物体であるのとまったく同様に、他の可能世界にも、叩くと音の出る物理的な机が存在する。そしていくつかの世界では、ところどころに人々——必ずしも人類ではなく、考えたり行為したりできるような者たち——が住んでさえいる(注目すべきことに、さらに別の世界では、こうした者たちはコンピューターである)。これらの人々は、私たちとまったく同じようにさまざまな感覚や知覚をもったり、自分の世界と同じような可能世界が他にもあるだろうかと考えたりできる。さらにそのような世界のなかには、あなたの「対応者」、つまり、あなたにとてもよく似ていて、似たような経歴をもち、場合によってはあなたと同じ名前をもつ者が存在するような世界だってあるだろう。

ただし、これらの世界は実在的ではあるけれど、私たちはけっしてそこを訪れることができない。それぞれの可能世界は空間と時間のなかにあり、そこに位置する物理的なものを備えている。前段落で述べた意味での可能世界はときに具体的な可能世界と呼ばれるが、それはまさにこのためだ。しかし、それらの世界は私たちの空間と時間のなかにはない。あらゆる世界は、空間・時間的に他のすべての世界から切り離されている。実際、これは私たちが「一つの世界」ということで意味していることの一部だろう。もしなにかが私たちの世界と時空的につながっているなら、それはまさにそのことによって私たちの世界の一部である。というのも、あなたは原理的にはそこにたどり着くことができるからだ。

そして以上のような形而上学的見解のもとでは、次のことは明らかだと思われる。すなわち、私たちは「現実」という語を私たち自身の世界を指すために用いる一方で、別の世界に住む者は自分たちの世界を指すために同じ語を用いる、ということである。つまり「現実」という語は、「私」「私たち」「ここ」「今」といった表現がそうであるのと同じく、指標詞ということになる。これらの表現がなにを指示するかは、だれがそれを使うかに応じて変化する。たとえば、私が「ここ」と言う場合、この語はノッティンガムを指すが、あなたがそれを使う場合、「ここ」はオスロやイスタンブール、セント・ルイス、アンティゴニッシュなどなど、どこであれあなたのいる場所を指す。

デイヴィッド・ルイスが（一九七三年の『反事実的条件法』とそれに続く一九八六年の『世界の複

数性について』で)可能世界に関するこのような実在論を初めて提示したとき、彼の立場は不審のまなざしをもって迎えられた。そう、彼はまったく真剣に、実在は無数の具体的な可能世界で満ちており、私たちの世界はただその一つにすぎない、というにわかには信じがたい主張を行ったのである。しかし、不審のまなざしは論証ではない。ルイスに対するより実質的な反応の一つは、おおよそ次のようなものだった。エッフェル塔が高さ三五〇メートルであるという可能性について語るとき、たしかに私たちはそれを、「エッフェル塔はある別の可能世界でその高さをもつ」という意味で理解することはできる。だがそこで持ちだされる可能世界は、実在的なものとして扱われるべきではない。それはたんに可能な世界であって実在の世界ではないのだ。よっておそらく私たちは、可能世界というものを、可能性についての私たちの思考を分節化するための概念的な補助具として捉えることができる。このように理解された可能世界はたんに抽象的なものだ。あることが可能だと主張するとき、たしかに私たちは、そのことが真であるような可能世界が存在すると言うことができるが、私たちはそれを文字どおりには主張していない。可能世界についての語りは、それを形而上学的な実在として認めることなしに受けいれることができるのだ。

だがルイスは、このような「代用」実在論には否定的だった。ルイスがやろうとしたことの一つは、なにかが可能であるとはどういうことかの分析である。彼の答えは、「なにかが可能であるとは、そのなにかが真であるような具体的な世界が存在することだ」というものだった。そしてここでいう世界は、私たちの世界と同じだけの実在性をもつ。ここで、もしある人がこの最後の主張を拒否するなら、その人にはルイスがやろうとしていたこと、つまり可能性とはなにかを分析するということができなくなる。なぜならその場合、他の世界について言えるのはせいぜい、それらが可能だということだけになり、ルイスのようにそれらが現実的だとは言えなくなるからである。「なにかが可能であるとは、そのなにかが真であるような可能な世界が存在することだ」という説明は循環的で情報量を欠いたものにすぎないだろう。したがって私たちは、可能世界をなんらかの劣った実在性をもつものとしてみるべきではない。もしそうすれば、可能世界はもともと意図されていた実質的役割を果たせなくなるかもしれないからである。このようなわけで、可能性についてのルイスの立場を、右のような代用実在論によってかんたんにしりぞけることはできない。

しかしながら、ひとがルイスの強い実在論を避けたくなる動機は十分に理解できるものだ。ルイスはさまざまな可能性を、正真正銘の実在の部分とみなした。それらは、たんに私たちが住まう実在の小さな一角に含まれていないだけで、他のだれかによって住まわれているのである。したがって実在は、私たちがこれまで考えていたはずのものよりはるかに大きいということになる。このような想定は、形而上学的にみてかなりの重荷なのではないだろうか。すべての個々の可能性に対してある世界がなければならず、それゆえ、私たち自身の世界は実在全体の無限に小さな部分にすぎない。しかし、ただ可能性とはなにかを説明するためにこれほど多くのものを仮定する必要が本当にあるのだろうか。哲学者たちは理論の経済性、つまり仮定と説明力のバランスをそれほど気にしないのだろうか。

だがこれもやはり十分な論証ではない。もっとも経済的な理論が真でなくてはならないという理由はどこにもないからだ。もしかすると世界(あるいはすべての世界)は、実際にごちゃごちゃしたところであり、それに関する事実は複雑で、非常に多くのものを含んでいるかもしれないのである。しかしさらにもう一つ、これまでみたものよりも実在論にとって多少深刻かもしれない考察がある(その重要性について哲学者たちの意見は大きく異なるが)。本章の議論は、「俺はタイトル挑戦者にだってなれたんだ」という言明から始まっていた。ここで「俺」を強調したことに注意してほしい。可能性について私たちが行う主張の多くは、なにか特定の個別者を指示している――エッフェル塔は高さ三五〇メートルでもありえた、リンカーンは銃撃事件を生き延びることもできた、私はプロサッカー選手でもありえた、といった具合である。しかし、もし可能世界についての実在論が正しいなら、可能性に関するこれらの主張は、厳密に言えば真でないことになってしまう。

そうなってしまう理由はこうだ。ルイスの実在論によると、私はプロサッカー選手でありえたということが真であるのは、プロサッカー選手であり、かつ私の対応者――私とよく似た人――であるようなだれかを含んだ可能世界が存在する場合である。しかし、この別の人間がどうなろうと私にいったいなんの関係があるというのか。彼は私ではない。実際、彼は私の世界の一部ですらないのだ。異なる世界のあいだに因果的な相互作用はないのだから、彼が語ったり行ったりするどんなことも、私に影響をあたえない。それゆえ結局のところ、もし実在論の帰結にしたがうなら、ある意味では、私はプロサッカー選手でありえなかったことになる。たんに別のだれかがプロサッカー選手であるというだけだ。これと同様に、私たちの世界のエッフェル塔は高さ三二四メートルであり、私たちはそれが高さ三五〇メートルでありえたと考えるが、ルイスの実在論はたんに、エッフェル塔の対応者であり高さ三五〇メートルであるような塔を含む可能世界がある、と私たちに言うだけである。このことは私たちの世界やそのなかの塔についてなにを教えるだろうか。エッフェル塔は、現に三二四メートルである以上、三五〇メートルではありえなかった、ということではないだろうか。この説が教えるのはせいぜい、私たちのエッフェル塔は高さ三五〇メートルである別の塔とよく似ている、ということにすぎないからだ。これはひどい期待外れだろう。可能性とはなにかを言うために無数の世界の実在を仮定したのに、この説はまったく逆の結果をもたらしてしまったようにみえる。というのもこの説は、私たちの世界に住まう者自身ではなく、その対応者に生じる違いについて語ることしかできないからだ。ブランド〔演じるテリー〕が知りたかったのは、彼がタイトル挑戦者でありえたかどうかであり、私たちが知りたいと思うのは、私たちのエッフェル塔が一九〇九年に解体されることがありえたかどうかである。可能世界についての実在論者は、以上のような批判に応えるためのなんらかの工夫をしなくてはならない。

組み合わせと組み換え

しかし、可能世界を持ちだす説明は唯一の選択肢ではない。別の選択肢についても論じておく価値がある。この二つめの説明は、プラトン的というよりもアリストテレス的なものとみなすことができる。たんなる可能性には、いかなる〔ルイスの意味での具体的〕実在性もないと仮定しよう。そう仮定した場合も、たんなる可能性にはやはりなにかがあるように思われる。いかにしてそれらの可能性を説明できるだろうか。今から検討する説によると、私たちは可能性を、実在世界のなかに存在するすべての要素の組み換えとして理解することができる。

この説は次のように展開できる。あなたはごく限られた経験しかもっておらず、世界にまだほとんど慣れ親しんでいないと想定しよう。あるとき、あなたのそばを一匹の白い犬が通り、そのすぐ後であなたは一匹の黒い猫を見る。この経験によりあなたは、これら二種類の個別者、つまり犬と猫が存在することを知る。しかしあなたは同時に、二つの種類の性質、つまり白さと黒さがあることも知る。そして、あなたが実際に経験したのは白い犬と黒い猫だけだが、今やあなたは、黒い犬と白い猫もまた可能であるということを理解する。そのために必要なのは、現に存在する要素を頭のなかでアレンジし直すことだけだ。あなたは、ある種類の個別者と性質が存在することを見て、たんにそれらが分布する仕方を変更したわけである。同様に、あなたは世界のなかにさまざまな建造物があること、そしてさまざまな高さがあることも知っている。三五〇メートルはエッフェル塔の実際の高さではないが、エッフェル塔が存在すること、また三五〇メートルは高さであることを知っているなら、あなたは心のなかでこれら二つの要素を結びつけ、可能的な三五〇メートルのエッフェル塔を考えることができる。

可能性はある種の実在性をもつ。しかしそれは、その可能性がそこから組み立てられるところの要素が存在するかぎりにおいてだ。たんに可能的であるだけの組み換えは、具体的な実在性を一切もっていない。三五〇メートルのエッフェル塔はたんなる仮構である。その塔とその高さは別々には存在するけれど、それらが組み合わさったものは存在しない。それはたんに想像されただけのものである。もっともこれらの可能性は、だれかによって実際に想像されたり書かれたりする必要はない。あることが可能であるためには、組み合わされたとき当の可能性を構成するような個別者と性質がそれぞれ存在していれば十分だ。個別者と性質は、現実にはだれも考えたことのない組み合わせを形成することもできる。たとえば、エイブラハム・リンカーンという個別者と、スキューバダイビングという活動(あるいは性質)がある。それゆえ、エイブラハム・リンカーンがスキューバダイビングをすることは、たとえだれもそれに言及したことがなくても、一つの可能性である。もちろん、この可能性には今まさに私が言及したが、実際にだれも言及したことも考えたこともないような可能性は他にいくらでもある。

可能性についての以上のような説は、デイヴィッド・アームストロングによって展開された(『可能性に関する組み合わせ説』一九八九年)。私たちは世界のすべての要素を、格子のかたちで考えてみることができる。一方の軸にはすべての個別者が並び、もう一方の軸にはすべての性質が並んでいると考えるのだ。ある特定のリンゴは一つの個別者で、緑色性は一つの性質だが、これらの他にもたくさんのものが各軸に並ぶだろう。個別者と性質の交わったところにできる無数の格子スペースのうち、いくつかのものには(チェックかなにかで)印がつけられている。これが表すのは、当の個別者が当の性質をもつということである。たとえば、このリンゴが緑色だということは事実なので、対応するスペースには印が入っている。しかし多くの格子スペースは空白のままである。たとえばエイブラハム・リンカーンは緑色でなかったので、対応するスペースにチェック印を入れる必要はない。もし私たちが、この格子のなかでチェックのついたスペースすべてを発見したら、私たちは世界の事実すべてを発見できた——世界についての完全な知識を得られた——ことになるだろう。しかし組み合わせ説によれば、この格子はまた、たんなる可能性とはなにかを私たちに教えてくれる。端的に言って、たんなる可能性とは空白のスペース、つまりチェックの入っていないすべてのボックスのことなのだ。リンカーンは緑色であることもできた。これが意味するのはまさに、リンカーンと緑色性はそれぞれ個別者と性質の軸のどこかに位置し、一つの格子スペースを形成するということである。

これはシンプルな考え方だ。しかしいつものように、ものごとは細部が難しい。この組み合わせ説がうまく機能するのは、要素の自由な組み換えが認められる場合だけである。よってここでは、組み換え原理、つまり、「任意の個別者は任意の性質と組み合わされうる」という原理がすべての説明的な仕事を担っていると考えられる。しかしそうすると、私たちは次のような疑問を提起することができる。つまり、右の組み合わせ格子は、可能性とはなにかを本当に私たちに教えているのか、それとも、無制限の組み換え原理を採用することで、それはまさに可能性というものを前提しているのではないか、という疑問である。

また別の観点からみても、この組み換え原理は支持できるかどうか疑わしい、と思われるかもしれない。たとえばリンカーンは、本当に緑色でありえたのだろうか。たしかにこれは人類にとって可能な色ではない。おそらく可能性には、少なくともある程度の制限がある。すでに述べたように、あなたは月まで自力で飛んで行くことはできないが、組み合わせ説によるとこれも一つの可能性として数えられることになりそうだ。あなたは存在するし、月まで自力で飛んで行くという性質も存在する。よって私たちがなんらかの制限を課さないかぎり、この両者の組み合わせも一つの可能性だということになるだろう。

この疑問に対しては、可能性のなかにいくつかのタイプを区別する、という仕方でしばしば応答がなされる。まず一つには論理的な可能性があり、これは矛盾を含んでいない、あるいは論理法則に反していないことがらすべてを含む。次に自然的な可能性、つまり、物理学や生物学、化学、社会学、光学、などなどの自然法則が許容するようなことがらがある。おそらく私たちは、リンカーンが緑色であることは、生物学的には可能でないとしても論理的には可能だ、と言うことができる。論理的可能性は、自然的可能性以外にも多くのことを含み、後者は前者の部分集合ということになるだろう。よって私たちは、論理的可能性は無制限の組み換え原理によって説明し、自然的可能性について語りたいときにはなんらかの制限を課す、という仕方で対応できるかもしれない。

可能性についての組み合わせ説には、今みたように、あまりにも多くのことを可能性として許容してしまうという批判がある。しかしこの説にはまた、逆方向からの反論もある。組み合わせ説では、いつも十分なだけの可能性をまかなえるとはかぎらないのだ。この説は、現に存在するすべての要素からの組み換えとして可能性を構成する。だが、現にあるものよりも少しばかり多くのものがありえた、という考えがある。実際、現に存在しているよりも一つだけ多くの個別者や、一つだけ多くの性質が存在するということは可能であるように思われる。たとえば、ケネディは現実には四人の子をもったが、さらにもうひとりの子をもつこともできた。これは一つの可能性であるように思われるが、現に存在するものの組み換えではない。ここで想像されているもうひとりの子は、現実世界の要素から完全にはみ出た個別者、つまり実在することもできたはずの基本要素だ。

この反論に対しては、ある種の形而上学説が多少の防御策をあたえてくれるが、その防御も完全なものではない。問題の組み合わせ説を、四次元的な見方〔第6章の「永久主義」〕とセットでとることを考えよう。四次元的な見方は、過去に存在した個別者と性質、そして将来存在するであろう個別者と性質のすべてを、組み合わせに利用できるものとしてあたえてくれる。しかし、たとえこれによって要素の数が莫大になったとしても、その数はせいぜいのところ有限だ。そしてそれにおさまらないもの、たとえば前述した生まれざる子のようなものが存在しえた、ということはやはりたしかであるように思われる。

これに対して、可能世界による説明の支持者は、私たちの世界が含んでいるよりも多くのものを含んだ世界がある、とごく単純に言うことができる。つまり、ケネディが五人目の子をもっているような世界がある、と。しかし私たちは、この説の問題点を忘れるべきではない。その可能世界で五人目の子をもっている男はケネディ本人ではなく、その五人目の子も私たちの世界の生まれざる者ではないのだ。このようなわけで、可能性については二つの主要な説があり、それらはどちらも弱みをもっている。すでに読者は、いくつかの説のあいだで結局は決着がつかないというこのパターンに気づいたことだろう。これは形而上学でしばしば起こることだが、このことは、未来の「可能的」哲学者たちがなすべき仕事が多く残されているということを示している。

＊1　同作でマーロン・ブランドが演じるのは、テリーという日雇いの港湾労働者であり、テリーはプロボクサーだった過去をもつ。引用されたせりふは、テリーが自分のありえたはずのボクサーキャリアについて、未練と悔恨をこめて発するものである。

＊2　イギリスには車列の絵が描かれた道路標識が実際にあり、'Queues likely' と記されている(アメリカでは 'Traffic jam area ahead')。日本には同様の標識はないようだが、もしあるとすれば「渋滞注意」くらいだろう。

第9章　無は存在するのか

ここまで私たちは、なにが存在するのか、そしてそれらの基本的特性はどのようなものかを考察してきた。かんたんなことから始めるのは筋が通っていた。たとえば、個別者および性質が存在するということ、変化が生じ、その一部はなにかによって引き起こされたものであるということは明白であるようにみえる。部分だけでなく全体が存在し、人々も存在する、といったことも同様だ。一方、これまでにみたトピックのいくつかは、これほどかんたんではなかった。たとえば、ある種の全体はその部分以上のなにかであるのか、可能性とはなんなのか、精神的な実体が存在するのか、時間は過ぎ去るなにかであるのか、といったことがらについては論争があった。

次に考察するもののカテゴリーは、以上のどれよりも疑わしくみえる。にもかかわらず、それをただちにしりぞけることは容易ではない。問題となるのは、かなり怪しげな一群の存在者らしきもの、つまり無に類するものたち(nothingnesses)である。不在、欠如、境界、空虚、極限、穴、ゼロ、不足、真空、終末といったものがあり、それらはいずれもさまざまな種類の無であるように思われる。たとえば、このチーズは一つの穴をもつ。その穴はチーズの部分なのだろうか。それはチーズが含むことのできるなにかなのだろうか。その穴はそもそもなんらかの種類の存在者なのだろうか。チーズそれ自体は十分に実在的であるように思われるが、おそらくその穴はまったくなにものでもなく、たんなる空っぽのスペースだ。その穴の範囲は、チーズの境界である。しかし境界のほうもまた、無に類するものの一種であるようにみえる。境界はチーズの限界——その終わり——であり、それを超えてはチーズは存在しない。それは存在と非存在のへりなのである。

やってみなければなにも得られない*1

無や不在というテーマに関して、哲学者たちの意見は大きく割れてきた。ある者はそれらを引きあいに出す用意があり、実際それらにある程度の実在性を認めている。私たちはしばしば、「戸棚のなかに食べものは不在である(there is no food in the cupboard = 戸棚のなかに食べものはなにもない)」などの語り方をする。これは表面的には、なにか否定的なもの('no food...')に対して存在を帰属させている('there is...')ようにみえる。もちろん、これに対する最初の反応は、こうした語り方はそのような意味で理解されることを意図していない、というものだろう。しかし問題は、不在について語ることを完全に避けるのはきわめて難しいという点である。私たちはさまざまな無をしょっちゅう引きあいに出しており、それらの無を、存在すると私たちが知っている「肯定的」なものによって説明できるかどうかはまったく明らかではない。このような理由から、一部の哲学者は不在などのものを真剣に受けとめ、それらを実在の一部として許容するに至ったのである(ただしその場合も、不在などのものは完全な意味で実在の一部であるという考え方もあれば、それらはたんに部分的な実在性をもつだけだ——私たちの世界の二級市民にすぎない——という考え方もある。この後者の選択肢に対する一つの応答は、存在は一義的であるという考え、つまり、どんなものも存在するかしないかのいずれかであり、存在と非存在の中間にはなにもない、という考えである)。

このきわめて厄介なテーマが提起する問題は、無が持ちだされる具体的な場面についての考察を始めてみることで、より明確なものになるだろう——もっともそうすることで、無はそれほどかんたんにはしりぞけられないということが明らかになるだろうが。以前に私たちは、「円とはなにか」という問いについて考え、それによって性質に関する考察へと導かれた(無が持ちだされる一つめの場面は、性質に関するものである)。ある男性が身長一・八メートルであるという性質をもつとしよう。これは、彼が身長二メートルでないという性質をもつことを意味するだろうか。つまり事物は、肯定的な性質だけでなく否定的な性質をももつのだろうか。ある型紙は、三角形であるという性質と、赤いという性質をもつ。するとこの型紙は、四角形でないという性質と、青くないという性質ももつのだろうか。たしかに、これらの否定的性質にはなにかしら怪しいところがある。だが正確に言ってそれはなんなのだろうか。否定的性質を排除するためのなんらかの原則的な根拠はあるのだろうか。

その候補となりそうな、いくつかの考えがある。一つめは、もし事物が否定的性質をもつなら、それは無限個の否定的性質をもたなければならなくなる、というものだ。ある男性が身長一・八メートルであるという「肯定的」性質をもつとしよう。ここで、もし彼が身長二メートルでないという「否定的」性質をもつことを認めるとするなら、私たちはまた、彼は身長二・一メートルでない、二・二メートルでない、二・三メートルでない、といった性質すべてを——可能な身長の各々について——もつということを認めなくてはならないだろう。同様に、もし右で挙げた赤い三角形の型紙が青くないという性質をもつとするなら、私たちはまた、その型紙は緑色でない、ピンク色でない、オレンジ色でない、等々の色に関する否定的性質と、さらには、円くない、台形でない、といった形に関する否定的性質をすべてもつということを認めなければならないだろう。しかしながら、この論点がそれほど説得的かどうかは明らかでない。今述べられた反論は、もし私たちが否定的性質を認めるなら、そのことは事物が無限個の性質をもつことを含意してしまう、というものである。しかし、このことが事実でないというのは本当に確かだろうか。あなたが今座っている部屋がどのくらいの数の性質をもつかを考えてみてほしい。周囲を見まわしてみよう。あなたは本当に、その部屋がもつ性質の数が有限であると確信できるだろうか。もしできないとすれば、右の反論は結局のところ、否定的性質の存在に反対する根拠として十分なものではないだろう。

二つめに、次のような議論もある。もしふたりの人が身長一・八メートルであるなら、彼らには共通するなにかがある。つまり彼らはある性質を共有している。ここでは、**多**をつらぬいてある**一**——統一性——があるわけだ。だが、ふたりの人が身長二メートルでないという場合には、そのふたりは身長に関してなにかを共有しているとはかぎらないだろう。たとえば、メアリーは身長一・六メートルであり、そのことにより二メートルでない。一方でジョンは、身長一・九メートルであり、そのことにより二メートルでない。よってこの場合、共有されている性質はない。つまり「多」をつらぬく「一」がないわけだ。しかしながら、この反論も不十分なものである。その問題点は、論点先取であることだ。この反論がうまくいくのは、ひとがすでに否定的性質は真正な性質でないと確信しているときだけである。もし否定的性質を擁護したければ、ひとは単純に、メアリーとジョンは現にある一つのものを共有している、と主張しさえすればよい――実際、ふたりはともに身長二メートルでないのだ。

三つめに、より深刻かもしれない反論がある。ある人が身長一・八メートルであるということがひとたびあたえられれば、その人が他のどの身長ももたないということはそこから単純に含意される、と主張することは可能だ。ある人が二メートルでないという性質をもつ、と言う代わりに、私たちは同じことを、その人がもつ肯定的性質から帰結するところの事実ないし真理として導いてやることができる。よって私たちは、肯定的性質とは区別されたものとしての否定的性質などに訴える必要はないかもしれない。それらはどれも、さまざまな肯定的性質から含意される派生的なものにすぎないかもしれないのだ。

だがこの反論にもいくつかの問題がある。身長一・八メートルであることは、なぜ身長二メートルでないことを含意するのだろうか。おそらくそれは、一・八メートルであることは二メートルであることと非両立的だからである。しかし、非両立性はまた別の種類の否定であるように思われる。ここでいう非両立性とは、いかなるものも一・八メートルであると同時に二メートルであることはありえない、というものだ。これに訴えることは、たんに一つの否定的存在を別のそれに取り替えることにすぎないのではないだろうか。私たちはこのような非両立性を、実在の一部として認めたいと思うだろうか。

またいずれにしても、非両立性に訴える作戦はいつも通用するわけではないように思われる。あなたが今いる部屋は、カバを含んでいないという性質をもつ、と想定しよう。しかしその場合も、あなたの部屋は一頭のカバを含んでいることもできた、と想定することができる。カバは部屋にすっぽり収まることもできたわけだ。あなたの部屋がもつどんな肯定的性質も、〈カバを含んでいない性〉を含意せず、それと両立的である。その部屋は、現にたまたま〈カバを含んでいる性〉をもっていないだけなのだ。

さてそうすると、私たちは否定的性質を認めるべきなのだろうか。それとも、否定的性質は怪しげだという直観にあくまでこだわるべきだろうか。この問いに答えを出してみる前に、無に類したものが持ちだされる具体的な場面として、さらに二つのものをみておきたい。それらを先にとりあげるのは、今論じた性質に関するものを含む三つの場面すべてに対して、ある共通の仕方で応答できるかもしれないからである。*2

不在による因果は、その不条理な性格にもかかわらず、高名な哲学者たちによってさえも真剣に受けとめられてきた。不在による因果とはなにか。あなたが休暇で旅行にでかけ、家に帰ってくると植物が枯れていた、という場面を考えよう。なにが植物を枯らしたのだろうか。水の不在だ、とあなたは考えるかもしれない。このケースのように、なにかの不在――これはまぎれもなく一種の無であるように思われる――が、それにもかかわらず因果的に作用するようにみえる場合はたくさんある。たとえば、酸素の不在は人を窒息死させることがあるし、インシュリン生産の欠如は糖尿病の原因である。また、馬のひづめに十分な長さがないせいで蹄鉄がゆるくなるということがあり、機械はその一部が取り除かれるとたいてい機能しなくなる。さらに、ある種の因果的メカニズムはまさに不在が引き金になってはたらく。たとえば自動車のエアバッグは、急停止によって、磁性のボールベアリングが金属製のパイプ――それを通って空気が急激に入り込む――の頂点から離れるのに十分なだけの強い力がかかった場合に機能する。衝突によってエアバッグが開くのは、ただこのボールベアリングが〔金属製パイプの頂点から〕いなくなったときにかぎられるのである。

たしかにこれらのケースを考えてみると、不在による因果という考えは魅力的にみえはじめる。しかしながら、不在が因果的な力能をもつということを認めるのは形而上学の観点からすると危険にみえる。第一に、多くの論者の考えでは、因果的な力能をもつことはなにかが実在的であることのよい基準である。それゆえ、不在は事物に因果的作用を及ぼすことができるとした場合、それらは完全な実在性を認められるかのようにみえる。私たちは不在を実体化する(実在的なものとして扱う)ことを余儀なくされるわけだ。これはなかなか危険な賭けである。また第二に、もし不在が原因でありうると考えるなら、あらゆる出来事の原因の数は不条理なまでに増えてしまう。

この最後の点は、次のような例(フィル・ドウによる)によって説明できる。もし護衛のひとりが銃弾の通り道に体を投げ出していたら、ケネディは銃撃事件を生き延びていただろう。もし不在がなにかの原因になりうると考えるなら、私たちは、ケネディの死の原因の一つはその護衛の不在だ、と言わなければならないように思われる。しかし同様に、もしジャック・ルビー[*3]が銃弾の通り道に体を投げ出していたら、ケネディは生き延びていただろう。そうすると、前述した護衛の不在だけでなく、ジャック・ルビーの不在もまたケネディの死の原因でなければならない。しかし、またしても同様に、もしあなたや私がその銃弾の通り道にいたら、私たちはケネディを救うことができただろう。実際、かつて存在したことのある人やいつか存在するであろう人はだれでも、その銃弾を止めることができただろう。よってケネディの死の原因のなかには、あらゆる人の不在が含まれることになる。さらに、話はまだ終わらない。動物以外の物体もまた、銃弾を止めることができた。それゆえ明らかに、ケネディの死はそれら無数の事物の不在によっても引き起こされていたということになる。だが私たちは、一つの出来事の原因の数がこのように増大していくことを望むだろうか。私たちはこの状況を、不在による因果を認める立場はどこかで道を誤った、ということの証しとして受けとるべきではないだろうか。

　とはいえ、正確にどこで道を誤ったのかを突き止めることはかんたんではない。ここでの問題は、すでに否定的性質に関してみたのと似たものである。もしかすると、出来事は本当に無限個の原因をもつのかもしれない。そして実際、不在はある種の因果的説明において、決定的な役割を果たしているようにみえる。人を窒息死させるのはまさに酸素の不在であって、不味いチキンや他のどんなものの不在でもない。ここでひとは、酸素の不在なるものは、たんに別のなんらかの事物の存在から派生的に導かれるものにすぎず、独自の存在物として認められる必要はない、と返すことはできるだろうか。それも難しいようにみえる。だとすれば、不在はこの因果的状況にとって本質的な特徴であるかもしれず、これは肯定的なものだけを認める形而上学説にとって具合が悪い。

言葉のあやにすぎない

無はなにものでもなく言葉のあやにすぎない、という考えは魅力的だ。もしこれまでみてきたような不在や無をすべて言語のなかに閉じ込めることができるなら、つまり、世界それ自体の部分ではなく、私たちの語り方がもつ特徴として理解することができるなら、非常にすっきりした形而上学的見方が得られるだろう。この方向性に希望はないだろうか。おそらく希望はあるが、それがうまくいくか否かは、世界、言語、真理のあいだの関係について私たちがどのような見解をとるかに依存する。

「この部屋にカバはいない」と言うとき、これはまったく無害だとひとは主張するかもしれない。おそらくその人の言い分は次のようなものだろう——右のように言うことで、自分は〈カバを含んでいない性〉なるものに訴えているわけではないし、ましてや、なんらかの否定的対象が存在すると主張しているわけでもない。たしかに、この部屋は机や椅子などの「肯定的」対象に加え、非カバという「否定的」対象をも含んでいる、という考えはもっともらしくないだろうが、自分はたんに「肯定的」な、実在的な、存在するカバがここにいないと主張しているだけなのだ。

この考えは、もしうまくいくなら結構なものだが、実際にはうまくいかないと考える者もいる。「この部屋に机がある」という言明を私が行い、それが真だとしよう。このとき、私の言明を真にしているところのなにかが世界のなかに存在する、ということは正しいように思われる。この言明を真にするのは、ある机——一つの物体——が私の部屋の四つの壁の内側にあるということである。私の言明は、真ないし偽であることのできる一種の言語的対象であり、そのどちら(真あるいは偽)であるかは、当の言明を真にするところのなにかが世界のなかにあるかどうかによって決まると思われる。もちろん場合によっては、一つの言明が複数の事物によって真にされることもあるだろう。たとえば、「この部屋に椅子がある」と私が言う場合、実際には部屋に二つ以上の椅子があり、そのどれもがこの言明が真であることにとって十分である。ここまでのところはもっともらしい。だがそれでは、「この部屋にカバはいない」のような言明についてはどうだろうか。このような種類の否定的言明を真にするのは、いったいどのようなものだろうか。この否定的真理を真にしている世界内の存在者はなんなのだろうか。

ここでもやはり、一見分別をもっているようにみえる哲学者たちがなんらかの仕方で不在を実体化してきた。たとえばバートランド・ラッセル(『論理的原子論についての講義』一九一八年)[*4]はこの問題に取り組み、世界は肯定的な事実に加えて否定的な事実を含んでいる、ということを受けいれる他はないと結論した。というのも彼の考えでは、否定的真理を説明できるのは否定的事実だけだからである。

ラッセルがこのように考える理由に、私たちはすでに出会っている。ある否定的真理を述べるとき、私たちは本当のところ、それとは別の「肯定的な」、そして元の否定的言明と非両立的ななんらかの真理を主張しているだけだ、と論じる者がいるかもしれない。これは哲学がちょっとした頭の体操を必要とする場面だ。この示唆によると、「フレッドは身長二メートルでない」と主張する場合、私たちは本当のところ、フレッドは身長一・七メートルであり、身長一・七メートルであることと身長二メートルであることは非両立的だ、という肯定的真理を主張しているだけである。しかし第一に、これが本当に私たちの主張していることであるかどうかは疑わしい。フレッドは実際に身長一・七メートルであるかもしれないが、私たちはそれを知らないかもしれない。私たちはただ、彼が身長二メートルではないことをわかっている(たとえばフレッドが二メートルのバーの下をかがまずに通り抜けるのを見て)だけかもしれないのだ。第二に、これはすでにみた点だが、たとえ私たちの主張していることが右で示唆されたとおりのものだとしても、それは一つの否定的なものを別の否定的なものに取り替えているだけだろう。この場合私たちは、フレッドは身長一・七メートルであり、身長一・七メートルであることと身長二メートルであることは非両立的だ、と主張していることになる。そしてこの非両立性――どんなものも身長一・七メートルでありかつ二メートルであることはない――は否定的なものの一種である。そして第三に、「この部屋にカバはいない」のケースでは、カバの存在がその部屋のなかのいったいなにと非両立的だと想定されているのか定かでない。すでにみたように、カバの存在を妨げるものは部屋のなかにはなにもなく、そいつは難なく部屋に入ってこられる。カバは、現にたまたま部屋にいないだけなのだ。

私たちはときに「事実」という語を、真である言明という意味で使う。しかし「事実」には形而上学的な概念もある。それによると、事実とはある個別者がある性質をもっていることであり、それはこの二つを不可欠の要素として含んだ存在者である。たとえば、このリンゴが丸いという事実は、このリンゴが赤いという事実とは別のものである。また、この部屋がカバを含んでいるとすれば、そのことも一つの事実として数えられる。これらの肯定的事実に加えて、ラッセルは、否定的事実の存在を認めるのにもやぶさかでなかった。否定的真理についてそれ以外の説明を見つけられなかったためである。彼によると、もしこの部屋にカバがいないなら、この部屋がカバを含んでいないということは一つの事実——他のどんなものにも劣らない実在の部分——である。そして同様に、このリンゴは緑色でないという事実や、フレッドは身長二メートルでないという事実も存在することが可能である。あるいはこのことは、次のように表現してもよいかもしれない。つまり、フレッドは身長二メートルであるという性質を、否定的に例化している——ある性質を否定的に例化するとは、それを例化することの反対物である——と。いずれにしても、なんらかの否定的な要素が存在を認められることになるわけである。

無についてのから騒ぎ

たしかに、これは一つの選択肢だろう。つまり私たちは、否定的事実、原因としての不在、否定的性質などを認めることもできるだろう。しかし私たちは、否定は世界そのものの特徴であるというよりも言語の特徴だ、という考えに立ち返ることもできる。「私はポケット内になにももっていない(I have nothing in my pocket)」と私が言うとき、私がポケット内になにか、つまり無(the nothing)をもっていると考える者はだれもいない。そう考えることは、ほとんど意図的にものごとを曲解することである。もし私がなにももっていないなら、私がもっているものは実際になにもないのだ。無をあたかもなんらかの存在物であるかのように扱うことの誤りは、このケースではまったく明らかであるようにみえる。もちろん、より複雑な真理や因果、性質のケースでは、事情はこれほど明らかではないだろう。しかしそれでも、ケネディを死に至らしめたのは銃弾であり、狙撃手とその標的のあいだを通るトラックの不在などのものではないことは、やはり明白であるように思える。

さまざまな無はすべて私たちの頭のなかにあるという見方は、次のように展開できるかもしれない。ある一つの実在があり、存在するすべてのものは「肯定的」である。つまり否定的な対象や性質、あるいは否定的因果といったものはない。意識をもつ経験主体としての私たちは、自分たちの世界について考えることができる。そして世界について考えるとき、私たちは二つの異なった仕方でそれをすることができる。私たちはまず、現に存在するものについて考え、それらを是認することができる。*5 しかし私たちはまた、世界についてなんらかのことを否認することができる。もし私の部屋にカバがいるかどうかと問われるならば、私はそれを否認する。なにかを是認するとき、私は世界がどのようであるかについての言明を行っている。しかし、否認において私が行っているのはこれとは別のことだ。フレッドが身長二メートルであるということを私が否認するとき、私は、彼がなにか特定の身長をもつことを是認しているのではない。むしろ私は、彼がある特定の身長をもつことを否認しているのである。

哲学者のなかには、言明を真にする世界内の存在者、つまり「真にするもの」という概念を使いたがらない者もいる。しかしこの概念を用いれば、今みた是認と否認のあいだにある重要な非対称性を、次のように述べることができる。私があることを是認するとき、私は、それを真にするものの存在にコミットしている。この部屋に椅子があると是認することは、その言明を真にするような一つの事実——ある種類の物理的対象が部屋のなかにあるという事実——が世界に存在するということにコミットすることだ。もしそのような事実がなにもなければ、言明は偽である。しかし否認の場合は、なにかに対するこのようなコミットメントはない。もちろん、もし私が「ジミーは身長が高くない」と言うなら、私はなんらかのものの存在にコミットしているかもしれない。この点についての意見は分かれるが、たとえば私は、ジミーの存在にコミットしているかもしれない。しかしいずれにせよ、右の言明の否定的な部分はいかなるコミットメントも含んでいない。私はジミーについて、身長が高いということを否認しているだけである。この言明は、世界がある特定のあり方をしていると言っているのではなく、そのことを否認しているだけなのだ。それゆえ、私の否認を真にするために世界のなかのなにかが必要であるわけではない。

私たちの否認は、なにか一つの状況にというよりも、ある一定範囲の状況の集合に関係している。

かつてジャン＝ポール・サルトルは、レストランに入りピエールの不在を目にした(see)という場面について論じていた。*6 どうやってひとはこんなことができるのだろうか。不在を直接知覚することはできない。というのも、ピエールの不在は、ジャックの不在やカバの不在から区別できない——不在の事物はなにものでもないはずだから、その点で、不在の事物は互いに区別不可能である——からである。また、ピエールの不在は実際に見られているものから推論される、という考えにも問題がある。なぜなら、カバの場合とまったく同様に、ひとが見るどんなものもピエールがそこにいないということを含意しないからだ。彼はただたんにそこにいないだけなのである。そうすると、ピエールが部屋にいないという判断は、ある原始的で非演繹的な種類のものであるかもしれない。私たちはともかくも、なにかがないと判断する能力、つまり、なにかがあるということを否認する能力をもつのだ。ひとは周囲をよくよく見まわし、できるかぎりやってみてもピエールを見つけられなかったため、彼が部屋にいるということを否認する。

これと似たようなことを、不在がなんらかの役割を果たすようにみえる他のケースについても言えるのではないだろうか。たとえばひとは、もしある物体が銃弾の通り道にあったとしたら、それは銃弾を止めることができただろう、ということを見てとるかもしれない。しかしこれは、その物体の不在がある人の死を引き起こした、と言うこととはまったく違う。そのように言うことは再び、思考のあやとして捉えるのがもっとも適切ななにかを、物理的な実在のなかに持ち込むことだろう。そしてすでに暗示してきたように、私たちは、世界がそうでないあり方——たとえばフレッドは二メートルでないということ——について非常に多様な種類の判断を下すことができる。だが私たちはこのことから、世界にはその種の判断を真にするようななんらかの否定的事実がある、という考えへと導かれるべきではない。その種の判断は、世界が現にもつあり方に関するものではなく、まさに世界のものではないあり方に関わるものだったのだ。

無という主題は、形而上学全体のなかでも、もっとも難しいものの一つである。それはこんがらがっている。哲学者の仕事はときに、そうしたこんがらがりを解きほぐすことだ。ひとたびそれがなされたなら、無、不在、欠如などのものは実在の一部ではないということが示されるだろう——こう私たちは期待することができる。もしそれらが実在の一部だったとしたら、きわめて厄介なことだろう。

＊1　この節のタイトル'Nothing ventured, nothing gained'は、「虎穴に入らずんば虎子を得ず」と同じ意味のことわざ。

＊2　本文では明示的に述べられていないが、無が登場する二つめの場面は「因果」に関するもの(不在による因果)であり、それについての説明は、本注をつけた箇所の直後からこの節の終わりまで続いている。また、無が持ちだされる三つめの場面は「真理」に関するもの(否定的真理)であり、次の節「言葉のあやにすぎない」全体で論じられる。そして、「性質」「因果」「真理」という三つの場面で無に訴えることに対し、最後の節「無についてのから騒ぎ」で、まとめて応答がなされる。

＊3　ジャック・ルビー(一九一一—六七)は、テキサス州ダラスの実業家。ケネディ暗殺事件の犯人として捕らえられたオズワルドをテレビ中継の最中に射殺した。

＊4　同講義の邦訳は『論理的原子論の哲学』(高村夏輝訳、ちくま学芸文庫、二〇〇七年)で読める。否定

的真理の問題はとくに第三講義で論じられている。

＊5　ここで「是認する」と訳した'assert'は、ふつう「主張する」「断言する」などと訳されるが、ここでは「否認(deny)」と対であることを示すため「是認」という訳語をあてた(ちなみにこういう文脈で「是認」があてられることが多いと思われるのは'affirm'である)。

＊6　『存在と無』第一部第一章第二節(ただし、ピエールを見つけられなかったのはレストランでなくカフェとなっている)。

第10章　形而上学とはなにか

形而上学で論じられる主要な問いのいくつかをみてきたので、今や私たちは、「形而上学とはなにか」という本書の冒頭でみた問いにより多くの知見をもってのぞむことができる。形而上学とは、ここまでの九つの章で私たちが行ってきた活動である。その活動に実際に取り組んできたことで、私たちはそれをよりよく理解できるようになっている。

形而上学で扱われる問いの多くは、単純素朴で他愛のないもの、あるいは子どもじみたものにみえたことだろう。そしてそれらの問いは、しばしばそうしたものとして軽く扱われる。私たちはひとたび成長すると、円とはなにか、時間は過ぎ去るのか、無はなんらかの存在物であるのか、といったことを問わないよう期待される。これはまるで、生まれつきもっている自然な驚きの感覚を、私たちは訓練によって自分の外に追い出しているかのようだ。

ひとは形而上学を、意味のない時間の浪費、あるいはより悪くは、人々の注意をそらす有害なものだと考えるかもしれない。ソクラテスはまさにそうした有害な輩《やから》であるということで死刑になったという(おそらくは半分だけ正しい)逸話を私たちは忘れてはならない。しかしすでに読者は、右のような単純な問いが、実際はかなり込み入った答えへと導きうることをみてきたはずである。円とはなにかという単純な問いから、私たちはすぐに、世界や実在、そして存在するものの本質的特性についての深遠な問題へと導かれた。これらの問題について頭を悩ませることは、私たちの知力や精神をトレーニングする助けになったかもしれない。実際、私たちはかなり一生懸命に考えなくてはならなかったし、精神の曲芸のようなことも行わなければならなかった。しかし、形而上学はこうしたトレーニング以上のなにかに役立つのだろうか。たしかに、私たちは形而上学について理解を得ることができたかもしれないが、ひょっとするとその理解を役立てられることがらはなにもないかもしれない。形而上学は無意味なのではないか、という疑いは依然として残るのだ。

ではこれまでの九つの章で、私たちはなにをしてきたのだろうか。一つの答えは、私たちは実在の根本的な特性を理解しようとしてきた、というものである。しかし私たちが関心を寄せてきたのは実在のある一つの側面だけであり、私たちが追求してきたのもある一つの種類の理解にすぎない。実在の特性を理解しようとするという点では科学も同じだが、科学はそれを形而上学とは異なる仕方で行う。科学はある種の一般的な真理を探し求めるが、それらの真理は具体的である。これに対して、形而上学の探し求める真理は一般的で抽象的なものだ。

どのようなものが存在するのかを考察するとき、哲学者は、もっとも一般性の高い仕方で答えようとする。つまり哲学者の答えは、さまざまな自然種に属する個別者、性質、変化、原因、法則、などが存在する、といったものである。しかし科学の仕事は、これらのカテゴリーのそれぞれについて、どのような特定の種類のものが存在するかを言うことだ。たとえば、電子、トラ、化学的元素といった個別者が存在する。スピン、電荷、質量などの性質が存在する。溶解などのプロセスが存在する。万有引力の法則などの自然法則が存在する——こうした種類のことを言うのが科学の仕事である。

形而上学が目指すのは、科学が発見するこうした特定的な真理すべてを秩序づけ、体系化し、それらの一般的な特徴を記述することだ。形而上学について説明するなかで、私はなるべく多くの例を用いるよう心がけてきたけれど、それらの例の選択はいくらか恣意的だったことに読者は気がついただろう。円とはなにか、机とはなにか、と私は問うたが、その代わりに、赤とはなにか、分子とはなにかと問うのでもよかった。これらはいずれも、性質一般、個別者一般についての問題へと導くための手段にすぎなかったのである。

物理学と形而上学

形而上学と科学のあいだには一般性のレベルに関する違いがあるが、両者のあいだにはアプローチに関する違いもある。この二つの学科は同じ主題——世界の基本的特性——に焦点を当てるものではあるが、その主題を異なる角度から理解しようとする。科学は観察に基づいている。観察はしばしば科学的探究の出発点になり、また理論が真かどうかを決める最終的な裁定者だ。これに対して形而上学は、同じく世界を主題としてはいるが、世界のさまざまな部分のうち観察可能な部分にはそれほど関心をもたない。形而上学において、もしくは一般に哲学において、私たちが目で見ることのできるものはそれほど助けにはならない。感覚による証拠は、ある哲学理論が承認されるべきか拒否されるべきかを決定するものではないのである。

たとえば私たちは、机はさまざまな性質の束にすぎないのか、それとも、それらすべての性質を支えとりまとめる実体〔基体〕であるのか、という問題について考えた。注目すべきことに、これら二つの説のどちらが正しいかは、観察に基づいて決定できることがらではない。というのも、どちらの説が正しいとしても世界はまったく同じように現れることになるはずだからだ。実在する物体から実際に性質を取り除き、性質を一切もたない基体を発見する、などといったことはできないのである——性質を一切もたないものがどのように現れるというのか。したがって、私たちが取り組んできたような形而上学の問いは、科学の問いではない。形而上学を始めるにあたって学生たちがしばしば困難を感じるのは、形而上学を科学、とりわけ物理学から区別することである。こうした学生たちの考えでは、もし探究の主題が世界であるなら、私たちは現実に世界をよく観察し、科学的な仕方で探究しなければならない。しかし実際には、科学は形而上学の議論を始めるための例としては役に立ちうるけれど、科学によって形而上学の問いに答えがあたえられると期待することはできない。

私たちの学科が現在の名前をもったことは、おそらくは一つの歴史的な偶然である。「形而上学(Metaphysics)」は、もともとアリストテレスの「自然学(Physics)」の後に位置づけられた著作に〔文字どおり「自然学の後に来る(meta)著作」という意味で〕つけられた名前である。しかし意図されたものであろうとなかろうと、この名前には別の理解の仕方があり、その理解のもとでは「メタフィジックス」は形而上学の活動をうまく記述していると言える。「メタ」という語は「〜の上」や「〜を超えた」という意味でも解釈できる。[*1] そして形而上学において行われることは実際、自然学以上の、それを超えたものである。形而上学は、一般性のレベルに関して自然学を超えており、また観察に基づく世界の探究を超えている——形而上学は、世界がもたなければならない特徴やもちうる特徴を、もっぱら理屈に基づいて考えるのだ。それゆえ、形而上学という分野は実際、その実態に非常に合った名前をもっていることになる。なぜなら、アリストテレスの著作で議論されている問題はまさにこのような種類のものだからである(しかしここから同時に帰結するのは、形而上学の実践に従事する者を「メタフィジシャン」と呼ぶことは誤りだということだ。というのも「フィジシャン」は医学の実践に従事する者のことだが、私たちの学科は医学の上にあるわけではないからである。自然学に従事する者は「フィジシスト」であるから、形而上学に従事する者は「メタフィジシスト」と呼ばれるのが適切である)。

さて形而上学は、たんに子どもじみているとか有害だとかいった理由で批判されてきたわけではない。形而上学は経験的な探究でない——私たちの感覚によって観察されるものに関わっているのではない——ということを私たちが認める場合、多くの懐疑論者は形而上学をその点で攻撃しようとする。もし形而上学が観察不可能ななにかを主題としているのなら、いかにしてそれについて知識を得たり、その問いに答えたりできるというのか。いかにして私たちは、形而上学の問いはたんに空疎な言葉や端的なナンセンスではないということを知りうるというのか。ヒュームとその追従者たちは、こうした理由から形而上学をしりぞけた。経験論者によると、私たちの観念は、有意味であるためには経験のうちに起源をもたなくてはならない。それゆえ、もし形而上学で使われる用語がいかなる経験的な起源にも遡れないものであるなら、それらは文字どおり無意味である。このことから、ヒュームは形而上学の書を燃やしてしまうことを勧めた。*2 ヒュームは、のちの形而上学の議論の多くに影響をあたえたが、自分自身を形而上学者とはみなさなかった。実際のところ、彼による焚書の勧めにしたがった者はほとんどいなかったけれど、ヒュームによる批判は、より現代的な装いのもと——たとえば論理実証主義において——なんどもくりかえし現れた。

ヒュームに対する一つの答えは、カントが『純粋理性批判』(一七八一年)のなかで提示した形而上学観である。カントの議論は、形而上学を擁護するものとして捉えることもできるが、形而上学の野心を引き下げるものとして理解することもできる。カント研究者たちは彼をどう解釈するのがもっともよいかについて一致しているわけではないが、カントのいう形而上学についての一つの可能な解釈は、形而上学を、世界そのものについての探究というよりも、世界に関する私たちの思考がもつ構造の記述としてみるというものだ。私たちの思考と経験がもつ限界により、私たちは世界をある一定の仕方で理解せざるをえない。この考えに沿って、ひとは次のように言うことができるかもしれない。すなわち、私たちは世界を、個別者とその性質という形式において、また時間と空間のなかで現れるものとして、また因果性を含むものとして考えざるをえないのだ、と。あるいはひとは、形而上学はたんに私たちが世界を記述する際に用いる諸々の概念や、それらの概念のあいだの関係に関する探究だ、と言うことができるかもしれない。

このタイプの形而上学は比較的擁護のしやすいものかもしれないが、右のような捉え方は形而上学の本質を根本的に変えるものであるという点は認められなくてはならない。形而上学者は、世界それ自体がどのようであるのかを理解したいのであって、私たちの概念や心理的機構についての事実や、私たちの心理的機構がアクセスできるような世界の部分だけに関心をもっているのではない。カント自身の立場がこのような応答を許すかどうかについて、私はあえてコメントしないでおこうと思う。ここで強調すべきポイントは、形而上学が攻撃にさらされるとき、より擁護しやすいものになるまで形而上学の理解を後退させる誘惑があるという点だ。しかしそうすることで、擁護されているのはもはや形而上学ではない、ということになってしまう可能性がある。

では、形而上学の実践を本来の純粋なかたちで記述しつつ、それに向けられてきた攻撃——形而上学は無意味で役に立たず、やってもしようがないといった攻撃——からその実践を擁護することはできるだろうか。読者は自分自身でも、これまでの九つの章で出会った問題が無意味だったかどうかを考えてみることができる。もしかすると一部の読者は、私と同じく、次のような直観をもつかもしれない。たしかに形而上学の問いは観察によって決着のつくものではないが、それらは真正で有意味な問いだと主張することは依然として可能だ。そして、形而上学の問いは世界それ自体の特徴についてのものであり、たんに概念や私たちの思考のあり方についてのものではない、と言うことも可能だ。このような見方を擁護できるかどうか、より詳しくみていこう。

見ることは信じること?

まずはじめに、前節でなされた議論では、観察の力がかなり誇張されていたということを認めよう。たしかに科学者たちは感覚経験を頼りにするが、観察がすべてに決着をつけるわけではない。科学において私たちが信じることのかなりの部分は、理論に由来するのである。そうだとすれば、形而上学は科学と連続的だ、と言えるかもしれない。つまり、形而上学者が行っていることは、世界を理解しようとする者みんながやっていることとそれほど大きく違わない、という可能性がある。もちろん形而上学は、さまざまな学問分野のなかで抽象的で理論的な極に位置するが、科学と形而上学のあいだの差異は、はっきりとした断絶というよりもむしろ段階的なものであるかもしれない。

形而上学では、世界がどのようでありえ、どのようでなければならないかを突きとめるための手引きとして、思考と推論が用いられる。私たちは、世界のなんらかの特徴についての説明を、もしそれが直観に反するか、あからさまに矛盾しているかという仕方で不合理であるなら、しりぞけることができる。あからさまな矛盾のケースはより好ましい。世界がしかじかであるということと、しかじかでないということをともに含意するような理論は、不整合という理由でしりぞけられるだろう。しかし、これほど明白なケースはおそらく稀だろうし、たとえ明らかな矛盾がある場合でも、当の理論の支持者は、その矛盾をなんらかの説明によって取り除こうとするかもしれない。より頻繁に起こるのは、ある理論がなんらかのもっともらしくないことを主張ないし含意しているという理由で、それに異議が唱えられるケースである。たとえば、もしある者が「時間は流れる」と主張するなら、その者は、時間が流れる速さを述べることができなくてはならないように思われる。しかしすでにみたように、この問いに実質的な意味のある仕方で答えることはできない——時間はトリヴィアルに、一秒につき一秒流れるのでなければならないはずだからだ。私たちはまた、「不在は原因でありうる」という説を検討したが、この説もいくつかの不条理な帰結を生みだすのだった。この説をとる場合、無が無であるにもかかわらず因果的な力能をもちうるということを認めなければならず、また、あらゆる出来事の原因のなかには、その出来事が生じるのを妨げることのできたすべてのものの不在が含まれる、ということも認めなくてはならない。

ある説から出てくる帰結がいちじるしく反直観的である場合、私たちはその説を不条理に帰着させたと言う。実体のケースで言えば、私たちは「個別者は性質の束である」という説をまさに不条理に帰着させたように思われる。その説からは、すべての性質を共有する二つの個別者はありえないということが帰結するが、この帰結を受けいれるべきよい理由はなにもないように思えるからだ。とはいえ、右の説はこの「不条理への帰着(reductio ad absurdum = 帰謬法)」を避けられると考える哲学者も当然いるから、これによって論争が完全に終わるというわけではけっしてない。また、問題の帰結が実際に不条理であるということを否定する哲学者もいるだろう。さらに私たちは、あることがらに関する真理はいつも直観に合致する、と想定するべきでもない。私たちはときに、なんらかの論証にしたがい、それが含意することすべてを——たとえそれが驚くべきものであっても——受けいれなければならないのだ。このようなわけで、哲学の論争を続ける余地はつねに開かれている。

以上のような仕方で議論が進むとき、感覚〔によって得られる証拠〕はまったく使われていないことに注意してほしい。たしかに、ひとはそもそも哲学を始めるためには考えるものでなければならず、世界についていて感覚経験をもつことはその前提条件であるように思われる。またおそらく、感覚は、世界の特徴のなかに「個別性」という説明を要するものがある、ということも教えてくれただろう――個別的な事物が存在するようにみえる、というのはまさに感覚が示すことである。だがこうしたきっかけを得た後では、個別者とは、因果とは、時間とはなんでなくてはならないかは、抽象的な思考によって結論を出すべきことがらである。私たちはこれらの主題に関するさまざまな説を、必要なだけ詳しく検討することができる。そしていくつかの説は、吟味に耐えないのである。

ある説がなんらかの解決困難な問題点を抱えている――つまり、矛盾やその他の不条理を含んでいる――ようにみえる場合、私たちはその説を暫定的にしりぞけることができる。もっともその問題点は、さらに探究が進んだどこかの時点では解決されるかもしれない、ということも私たちは認める。ここまでのところ、形而上学者が行っていることはもっとも賢明な科学者たちが行っていることとそれほど違わないようにみえる。理論物理学者は、今述べたのと似たような根拠からある理論をしりぞけるだろう。ただし、一つの違いがある。形而上学者は、推論のみに基づいて理論を拒否する。形而上学の理論にとってもっぱら問題になるのは、内的な不整合、もしくは他の放棄しがたい理論との矛盾である。これに対して科学では、なんらかの観察的証拠との衝突を根拠にして、ある学説をしりぞけることが可能だ。科学は、理論が観察された事実と適合することを求めるのに対して、形而上学のデータは観察に基づくものではない。

以上をみるかぎり、状況は悪くない。つまり形而上学は科学と比べて、いちじるしく擁護が難しいようにはみえない。しかしここで、この見かけはたんに、私たちが理論や学説をしりぞけるという消極的な場面のみに注目することで生じているだけだ、という反論があるかもしれない。もちろんどんな理論も、もし自己矛盾していたり不条理に導いたりするなら、それが科学の理論であれ哲学の理論であれ、しりぞけられるべきである。しかしこれはたんに、理論を排除するための理由にすぎず、それを受けいれるための積極的理由ではない。そして、科学が優位に立つ理由はまさにここにある。なぜなら科学においては、理論は経験によって積極的な確証を得ることができるからである。哲学の場合、なんらかの主題について二つ以上の整合的な説が存在するという事態は想像可能であるし、じじつ非常にありそうなことだ。それらの説は、たとえ同時には真でありえないとしても、それぞれ別個にみれば真でありうるようなものである。だとしたら、私たちはどの説が正しいかをどうやって決められるというのか。形而上学においては実のところいかなる真理もなく、ただそのあいだで決着をつけることのできない一群の学説があるだけなのではないだろうか。

だがこれは再び、哲学と科学の双方で実際に考察が進められる仕方を見誤っている。科学哲学における議論が教えるように、ひとは観察だけによってどの理論が真であるかを知ることができる、という単純な考え方には問題がある。たしかに観察は有用なデータをあたえるし、それによって一部の理論は排除されるが、〔科学においても〕観察データと両立するような理論は複数ある。だとすると、私たちはいかにして、どの理論が正しいかを決められるのだろうか。私たちはどのようにして、なにかが真であることを知るのだろうか。これはかんたんに答えられる問いではない。さらに観察のなかには、私たちがどの理論を信じるかによって部分的に決定されるものさえありうる。だから前述の問いは、科学の場合でもけっして単純な問題ではないのだ。もちろん、形而上学における真理の獲得も容易なことではないが、ここでのポイントは、私たちは形而上学における真理に対して、他のケースで課している以上に厳格な規準を課すべきではない、という点である。そしておそらく、真理の規準を他のケースとそろえる場合、私たちは、形而上学の学説は暫定的で誤りうるものであるということも理解する。形而上学の学説は、場合によっては改訂されねばならないが、それでもなお、なんらかの説を暫定的に保持しておくということが合理的でありうるのだ。

形而上学と科学のあいだの関係は、実際には今語ったよりもはるかに複雑であることだろう。私たちはしばしば、この両者がたんに衝突しないというだけでなく、より密接な調和関係にあることを望む。理想的には、科学の記述する世界と適合するような形而上学説と、形而上学的に健全な科学、という二つが得られれば望ましい。私たちはすでに、この点を例示するような議論をみた。第6章で提起された「同時性」についての問いを思い出そう。同時性はまさしく、科学のなかで相対性理論が疑問を投げかけた概念である。もちろんひとは、相対性理論は絶対空間と絶対時間についての特定の哲学理論を論駁するわけではない、と主張することはできるだろう。だがそれでもなお、より望ましいのは、現在手に入る最良の科学理論が記述する世界のあり方に適合した形而上学説を展開することだ、と私たちは主張することができる。このような考察を重ねることで私たちがたどり着けるかもしれないのは、科学的知見をふまえた形而上学である。これは私たちに、具体的なレベルと抽象的なレベルの双方でうまくはたらく世界の整合的な見方をあたえてくれるかもしれない。

理論に関する美徳

形而上学においてどの説を支持するべきかを決める際には、いくつかの理論的な美徳に注目する必要がある。私たちは、問題となる学説は本当のところどれだけの説明力をもつのか、ということに目を向ける。その学説は他の理論とうまく組み合わさって世界の統合的な説明をあたえるだろうか。その学説は少ない資源をもとに多くのことを説明しているだろうか。それとも、その学説は出発点であまりにも多くのことを仮定しているため、その説明力は幻想にすぎないのだろうか。

例として「〔現実世界以外にも〕無数の世界がある」という説を考えよう。この説は、まさに多くのことを説明できるという理由で推奨されてきた。たとえば、この説は可能性とはなにかを私たちに教える、と主張される。しかし第8章でみたように、この説はそもそもの出発点において、すべての可能性はなんらかの実在的な世界において存在する、ということを仮定しなければならなかった。だとすれば、この説はただ最初に仮定として置き入れていたものを、可能性とはなにかについての説明としてとり出しているだけのようにもみえる。このような仕方で、形而上学者たちはしばしば、仮定の数〔や強さ〕とそこから得られる説明力を比較し、バランスをとる作業——宇宙規模の費用対効果分析とでも呼べるもの——を行うのである。

すでに述べたように、形而上学を科学における知識の探究と比べた場合、両者はそれほど大きく隔たっているようには思われない。どちらの場合も、私たちが見つけようとするのは、問題となる現象を比較的単純な仕方で説明し、突飛な仮定や場当たり的な仮説を必要としないような理論である。科学の場合、説明されるべき現象のなかには、予期されていなかったある粒子の存在や、ある惑星の運動などといった観察的な現象が含まれる。これらの現象に関してある理論が説明的に成功していると言えるためには、当の理論は、それらの現象を導出できなくてはならないだろう。

形而上学の場合、説明されるべき現象はこのような仕方で観察的なものではない。そこで説明が目指されるのは、非常に抽象的なことがら、たとえば、多くの個別者が存在しているようにみえること、因果性は世界それ自体の特徴であるようにみえること、などである。これらの一般的な特徴は、どのようにすればもっともうまく説明できるのか——これが形而上学で問われることである。そして、ひとたびこの世界における因果性とはなにかを説明すると、形而上学者は、なにがなんの原因であるかを明らかにするという仕事を科学に任せる。形而上学者はたんに、あるものが他のものの原因であるとは一般にどういうことなのかを知りたいのだ。そして形而上学者は、他のだれもが採用しているのと同じ理論的な美徳を採用する。私たちはみな、世界がもつなんらかの特徴についてできるだけよい説明を見つけたいのであって、違いはただ、形而上学者が関心を寄せる世界の特徴が、抽象的でとても一般的なものだというだけなのである。それらの特徴は、机や猫が観察可能であるというのと同じ意味で観察可能ではないが、観察から抽象されたものであるかもしれない。たとえば、私たちは机や猫などを観察することから個別性の概念を得ており、形而上学者はまさにこの後者を説明しようとするのだ。

形而上学の価値

しかし、形而上学者が答えることのできない批判がまだ一つあるように思われる。それは次のようなものだ。たしかに形而上学者は、暫定的にある理論をしりぞけたり他の理論を受けいれたりするために理由をもっているかもしれない。そしてこの点で、形而上学者は他のみなが採用するであろう合理性の原則のどれにも違反していないかもしれない。しかし、形而上学のまったくの無用さは、私たちがそれをすべきでないということを示している。科学は経験的な世界――私たちが観察し相互作用する世界――とのつながりを少なくともいくらかもっているから、私たちは科学理論を、欲しいものを得るために用いることができる。科学は役に立つ仕方で具体的に応用できるのだ。私たちは世界を思いどおりに操作し、自分の目的を達するために科学を用いることができる。優れた科学は優れた結果を生みだすのである。これに対して形而上学は、あまりに理論的、抽象的、非‐経験的であるため、どんな見返りもあたえてくれないように思われる。形而上学は、私たちが身の周りの世界を思いどおり操作することを可能にしてはくれない。それは文字どおり役に立たないのである。

しかし、形而上学者がこの批判に恐れをいだく必要はまったくない。第一に、右の批判の前提になっている、形而上学はなんの役にも立たない、という主張には異議をとなえられる。たとえば、因果性はすべてにとって重要である。まさに私たちが世界に対して行う操作は因果性に依拠しているし、どんなことも因果性なしには筋のとおった仕方で理解できない。そして実のところ、あるものが他のものを引き起こすとはどういうことかに関するなんらかの理論——不可避的に形而上学的な理論——なしには、私たちはなにがなにを引き起こすかを知ることはできない。ある哲学上の誤りは、実際上の誤りにつながることもあるのだ——たとえば、因果関係とは相関関係以上のなにものでもないと私たちが〔誤って〕想定する場合のように。

しかし議論のため、ここでは右の前提は正しいと仮定しよう。つまり、形而上学は実際になんの役にも立たない、と仮定しよう。このことは、形而上学にはなんの価値もないということを意味するだろうか。そんなことはない。多くのものは、たんに道具的な価値をもつ。つまりそれらは、ひとが欲する別のなにかを得させてくれる、という意味で価値をもつ。しかし一部のものは、内在的な価値をもつ。それらはただそれ自体で、それ自身の権利において価値をもつのである。たとえ形而上学が、他のなにかを得るためには役に立たないとしても、形而上学がもたらす洞察はきわめて深く遠大なものであるため、それはひょっとすると最高の内在的価値をもつかもしれない。形而上学は実在の本質的特性について、実用的には役立たないが重大な意義のある理解をもたらすかもしれないのだ。実際、プラトンの考えは十分に意味をなす。世界がなんであり、どのように機能し、どのように全体として調和するかについての一般的で抽象的な形而上学の理解は、もっとも深く現実を捉えた、もっとも重要なものであるのかもしれない。もしそうだとすれば、私たちは、健康かつ裕福でいることができるために形而上学をするのではない。むしろ私たちは、形而上学をすることができるために健康かつ裕福であろうとするのである。

＊1　ただし「メタ」という前置詞は、古典ギリシア語としては「〜を超えた」という意味をもっておらず、それに超越的意味を読み込んだのは、新プラトン主義の立場に立つ後代の注釈者や解釈者たちだったという(中畑正志「アリストテレス」、内山勝利編『哲学の歴史1　哲学誕生』中央公論新社、二〇〇八年に所収、五九八頁)。

＊2　『人間知性研究』第一二章第三節。

解説

秋葉剛史

本書は、Stephen Mumford, *Metaphysics: A Very Short Introduction*, Oxford University Press, 2012 の全訳である。著者のスティーヴン・マンフォードはダラム大学の哲学教授であり、形而上学のいくつかのテーマで研究を行っているとともに、最近はスポーツの哲学なども手掛けている。

本書を手にしている読者のなかには、「形而上学」という名前のついた本を開くのはこれが初めて、という人も少なくないかもしれない。あるいは、まったくの初めてではないにしても、この分野についてほとんど具体的なイメージがない、という人は多いかもしれない。おそらくそんな読者にとってまず気になるのは、形而上学とはいったいなにをする分野なのか、という点ではないかと思われる。というのも、多くの場合「〜学」と聞けば、それがなにをやる分野なのかある程度の見当はつく――たとえば「分子生物学」や「発達心理学」ならそれなりに内容は推測できる――のに対し、「形而上学」と聞いても、すでにその内容をある程度知っている人以外にとっては情報量はゼロに近いと思われるからだ。こうした事情もあってか、形而上学については必要以上に、難しそうとか近寄りがたそうとかいった印象がもたれがちなようである(学生からときどき聞く話)。

そんなわけで本解説では、まず最初の部分で、形而上学という分野について大雑把ながら特徴づけを与えてみようと思う。そのやり方として、ここではとくに、形而上学はなに
について
の学なのか——その「主題」はなにか——という点に注目することにしたい。なおこれと関連する内容は、本書の第10章でも論じられている。以下で行う特徴づけは、その章で述べられることをふまえつつ、本書で実践されている形而上学を私なりの仕方で説明することを意図したものである。これに続いて、本解説の二つめの部分では、本書を構成する一〇個の章の内容をかんたんに紹介したうえで、本書の全体的な特色について何点か述べる。そして最後の部分では、本書の議論を導いている全体的な方法論について、本書では触れられていない背景をふまえながら補足的なコメントを行う。

形而上学の主題はなにか

形而上学はなにを主題としたものか——この点を説明するに当たって、「形而上学」という日本語の由来から話を始めるのは意外に悪くないやり方である。たとえば『広辞苑』によると、「形而上学」という語は、明治期に井上哲次郎(東京帝国大学哲学科教授)が'metaphysics'の訳語として導入したものであり、井上はこの語を、'physical sciences'の訳語としての「形而下学」との対比で用いた。「形而上」と「形而下」はどちらも、古代中国の思想書『易経』(繋辞上伝)にある一節、すなわち「形而上者謂之道 形而下者謂之器(形より上なるもの、これを道と謂い、形より下なるもの、これを器と謂う)」という一節に由来するものとされる。大まかに言ってしまえば、形而下のものとは、一定の形をもち、見たり触ったりできるもの、つまり、私たちの経験的・自然的な世界のうちに属するもの

のことだと考えてよい。一方で形而上のものとは、なんらかの意味でそれを超えたもの、それに収まらない(より根元的な)もののことである。「形而上学」は、まさにこの後者のようなものについての学、という意味で導入されたわけである。

「形而上学」という訳語に込められたこの意味は、西洋哲学において実際に行われてきた形而上学《メタフィジックス》の実態をかなりうまく捉えていると言ってよい。つまり形而上学は、なんらかの意味で経験世界を超えるものについての学である、とまずは言うことができる。しかし、とくに本書で実践されているような形而上学の内実を理解するには、もう一歩明確化が必要だ。というのも、「形而上」ないし「経験世界を超えた」という言い方は少なくとも二つの意味で解釈可能だが、本書で問題となるのは主としてそのうち一方の意味だからである。

第一の、比較的わかりやすい意味では、「形而上的」なものとはいわゆる「超自然的」なものである。たとえば、神的なもの、霊的なもの、叡智界、死後世界、といったものはこの意味で経験世界を超えているだろう。そして「形而上」をこの意味で理解する場合、形而上学はまさにこうした超自然的なものについての学(?)ということになるだろう。実際、この用法はかなり一般的なようで、書店の「形而上学」コーナーにはこの種の話題を扱った本が多く並んでいる(ためしに某有名ネット書店の「形而上学・存在論」カテゴリーを見てみるとよい)。また西洋哲学における形而上学でも、その伝統的な主題の一つは「神」であったし、現代の形而上学書でもこの主題に一章(以上)を割いているものもある(たとえば、E・コニー&T・サイダー『形而上学レッスン』春秋社、二〇〇九年(第4章)、B. Garrett, *What Is This Thing Called Metaphysics? 3rd edition*, Routledge, 2017, ch. 1; P. van Inwagen, *Metaphysics, 4th edition*, Westview Press, 2014, chs. 6–7. ちなみに本書の一一一頁でも「形而上学」はこれと関連する意味で用いられている)。

　しかしながら、形而上学の主題をもっぱらこうした超自然的なものに限って考えてしまうと、本書の内容には戸惑うことになる。というのも本書の議論のほとんどは、性質、物体、変化、因果など、まさにこの経験的世界のうちに見いだされる事象に関するものだからである。これらは右の意味ではちっとも経験的世界を超えていない。だとすればなぜ、「形而上学」と題された本書でこれらが扱われるのか。この疑問に答えるには、「形而上」の二つめの意味に注意を向ける必要がある。この二つめの意味で形而上的なものとは、経験的世界を範囲の点で超え出た、いわばその「外」にあるようななにかではない。むしろそれは、この世界のうちに備わっているなにか、ひとことで特徴づけるなら、「世界の経験的内容を超えた」ものと呼べるようななにかである。この意味での形而上的なものは、一つめの意味のそれに比べると少々わかりにくいかもしれないが、本書の第10章で述べられることをもとにすれば、以下のような仕方で説明できるだろう。

　この経験的世界は、ごくざっくりと言えば、内容と形式という二つの成分からなるものとして考えることができる。一般に、科学をはじめとする経験的な探究によって明らかになるのはその内容的成分であるが、世界にはそれに尽きない成分が含まれていると考える余地がある。本書第1章のトピックを例にとって考えよう。経験的探究が私たちに教えてくれることの一つに、この世界にはどのような種類の「もの」、つまり個別的な物体が存在するのか、ということがある。たとえば経験的探究により、トラや酸素原子などは存在するけれど、ドラゴンや燃素などは存在しない、といったことがわかる。経験的探究が教えるこれらのことは、言い方を換えれば、「○○という物体が存在する」という形式をもつさまざまな文のうち、具体的にどの文がこの世界で真なのかについての情報だと言える。つまりそれが教えるのは、右の図式の「○○」の部分を埋める具体的内容として世界になにが含まれているか、である。このような内容は、世界についての経験的探究によって初めて明らかになるものだから、世界の「経験的内容」と呼ばれてよいだろう。

しかしここで重要なのは、たとえ右のような形の文のうちどれが真であるかがすべて決まった——個別的物体に関する世界の経験的内容が確定された——としても、それだけではまだ、個別的物体にまつわる世界のあり方すべてが解明されたことにはならないという点だ。なぜならまだ、右の図式そのものをどう解釈するかという問題、つまり、物体が存在するとはそもそも一般にどういうことか、という問題が残されているからである。第1章で論じられる一つの立場(束説)が主張するように、もしかすると、一般に物体が存在するとは、いくつかの性質が一か所にまとまって現れているということにすぎないのかもしれない。しかし別の立場(基体説)が主張するように、もしかすると、一般に物体が存在することのうちには、諸々の性質に加えて、それらを背後で取りまとめている別のなにかの存在が含まれているかもしれない。そして注目すべきことに、この二つの選択肢のうちどちらが正しいかは、世界の経験的内容がどれだけ正確に確定されても決まらない。なぜなら、これらの選択肢が問題にしているのはもっぱら、そうした経験的内容がどのような形式のもとで実現されているか、という点だからである。この意味で、右の二つの選択肢が主題としているのは、自然的世界のうちでもその経験的内容だけからは決まらない(それを「超えた」)成分、つまり前述した第二の意味で「形而上的なもの」である。個別的物体についての議論が本書に含まれていることの理由は、これで理解できただろう。

本書のなかで性質、変化、因果といった主題が扱われる理由も、基本的にこれと同じ仕方で理解できる。たとえば性質に関して言うと、この世界には具体的にどういう種類の性質(質量、電荷など)が存在するか、というのはその経験的内容に関することだ。しかしそのような内容が与えられただけでは、そもそも性質が存在するとは一般にどういうことか、ということまでは決まらない。また変化に関しても、この世界では具体的にどういう種類の変化(溶解、腐食など)が起こるか、というのはその経験的内容に関することだ。しかしそれが与えられただけでは、そもそもなにかが変化するとは一般にどういうことか、ということまでは決まらない。本書で検討される性質や変化に関する理論は、まさにこうした――第二の意味で「形而上的」な――問題に答えようとしているのである。

ただし(混乱させるようで申し訳ないが)、以上の特徴づけによってカバーされる主題領域は、現在「形而上学」の名の下で行われている探究の中核部分をなすものではあるけれど、必ずしもそのすべてではない、という点には注意しておこう。たとえば本書のなかでも、割合は小さいものの、第3章では「創発」、第7章では「人の同一性」、「心身の相互作用」といった主題が取りあげられている。また本書では論じられていないが、「自由意志」という主題も古くから形而上学の重要トピックの一つだ。これらの主題は、世界の一般的で形式的な特徴ではなく特定の内容領域の事象に関わるものであり、右でみた「形而上」のどちらの意味にも該当しないようにみえる。これらを含むように形而上学の主題を特徴づけるにはどうすべきかはなかなか難しいところだが、ここではさしあたり、「人」

は私たちだれにとっても(それゆえ形而上学者にとっても)特別な関心の対象であり、よってある種の例外扱いが許されるのだ、と考えておこう。実際、自由意志も心身相互作用も、私たち人はこの世界全体のなかでどのような位置を占める存在であるのか、という問題関心を背景に論じられる主題である(創発の場合も、その典型例は私たちの意識である)。それゆえまとめると、形而上学という分野(少なくとも本書で実践されているもの)の主題は、暫定的にではあるが、次のようなものとして特徴づけられる。すなわち、「経験的探究だけからは決まらない世界の一般的ないし形式的なあり方、および、そのようなあり方をした世界のなかでの人の位置づけ」というものとして。

(ちなみに、右で述べた「形而上」の二つの意味は、アリストテレスが『形而上学』のなかで扱っていたとされる二つの主題と、大まかにではあるが対応している(ただし『形而上学』という書名は、彼の著作の編纂者が後の時代につけたものであり、アリストテレス自身はそこでの探究を「第一哲学」と呼んでいた)。アリストテレスによると、形而上学(第一哲学)は、存在するものを存在するというかぎりにおいて考察する部門と、独立離在する永遠不動の実体について考察する部門、の二つからなる。この二つの区別は、中世哲学において「一般形而上学」と「特殊形而上学(神学)」として受け継がれ、その後の形而上学研究の大枠を定めた(こうした事情については以下を参照のこと。中畑正志「形而上学は現在する」『形而上学の現在』(岩波講座哲学2)、二〇〇八年、M. Loux, *Metaphysics: A Contemporary Introduction, 4th edition*, Routledge, 2017, ch. 1))。

本書の内容と特徴

さて、大まかにではあるが形而上学の主題について理解が得られたところで、本書の中身を少し具体的にみておきたい。本書で紹介されているのは、主として二〇世紀以降の英語圏の哲学で行われてきた形而上学の議論――「現代形而上学」ないし「分析形而上学」と呼ばれる――である。本書の各章では、そのなかで論じられてきた主題がそれぞれ一つずつ考察される(これらはおおむね相互に独立なので基本的にどの章からでも読める)。それぞれの章の議論は、ほぼ共通した次のような流れに沿って進む。すなわち、まず中心的な問い(著者も述べているように、一見単純で素朴な問い)が立てられ、その答えの候補としていくつかの主要な説が検討される、という流れである。紙幅の都合上、それぞれの章の問いと検討される説を挙げていくだけの形になるが、ひととおり概観しておこう。

まず第1章では、机や猫や原子といった「個別的な物体(個別者)」について、一般にそれらの存在はなにを含んでいるのかが問われる。個別者とは、さまざまな性質とは区別された、それらを取りまとめるなにかであるのか(基体説)、それとも、さまざまな性質がひとまとまりになったものにすぎないのか(束説)。

第2章では、円さや赤さといった「性質」は一般にどのような存在者(もし存在者であるとすれば)なのかが問われる。性質は、私たちが住むこの世界を超越した領域に存在するイデアであるのか(プラトン的実在論)、それとも、互いに似ている個別者をまとめて呼ぶためのたんなる名前なのか(唯名論)、あるいはそれとも、この世界に内在する普遍的なものなのか(アリストテレス的実在論)。

第3章では、さまざまな部分から構成された「全体」はその部分とどのような関係にあるのかが考察される。一方では、そうした全体はその部分の総和にすぎないという見方があり(還元主義)、他方では、全体はその部分とは異なる独自の実在のレベルを形づくるという見方がある(創発主義)。なおこの問いは、心の哲学や生物学の哲学においても大きな重要性をもつことが示唆される。

第4章では、同じ一つの物体が時間を通じて「変化」するとはどういうことかが問われる。変化とは、複数の時点にまたがって存在する数的に同一のものが、各時点と相対的に異なる性質をもつということなのか(耐続主義)、それとも、各時点だけに存在する瞬間的な対象(時間的部分)がそれぞれ異なる性質をもつということなのか(延続主義)。

第5章では、ある出来事が他の出来事の原因であるとはどういうことか、つまり「因果」とはどのような関係かが問われる。因果関係は、出来事のあいだに成り立つ恒常的パターンの一例として説明できる(規則性説)、あるいは反事実条件文の成立によって分析できる(反事実条件説)、という二つのヒューム主義的因果論がある一方で、因果関係の成立は他の時点や場所で起こることには依存しないという立場もある(単称主義)。

第6章では、「時間」とはなにか、あるいは、時間が過ぎ去るとはどういうことかが問われる。時間が過ぎるとは、出来事が「未来である」「現在である」「過去である」という性質を順次もつということなのか(時間的性質説)、それとも、「XはYよりも前である」「YはXよりも後である」といった出来事どうしの不変的な関係によってそれは説明されるべきなのか(順序系列説)。

第7章では、「人」とはどのような存在なのかが問われる。ある時点でなにかを人たらしめるのは一連の心理的能力であり、異なる時点を通じての人の同一性を基礎づけるのも心理的連続性である、というロック的な立場(心理説)が主な検討対象となる。この立場は分裂の事例で問題を抱えることが論じられ、身体的連続性に訴える立場にも触れられる。

第8章では、現実には成り立っていないが成り立つこともできたこと、つまり「可能性」とはなにかが問われる。可能性とは、この世界とは別のなんらかの世界において真であるようなことがらなのか(ルイス的実在論)、それとも、現実世界のさまざまな要素を現実とは異なる仕方で組み合わせることで得られるものにすぎないのか(アームストロング的組み換え主義)。この二つの立場それぞれについて、その利点と難点が論じられる。

第9章では、不在や欠如や否定といった「無」を実在世界の一部として認めるべきかどうかが問われる。こうしたものを持ちだしたくなる場面として、ものに性質を帰属させる場面、なにかの不在や欠如が原因で別のことが起きたという場面、否定文の真理を説明する場面、の三つがあることが確認されたのち、そうした誘惑に抵抗するための考え方が示唆される。

最終章である第10章では、形而上学的な探究そのものの本性と意義について、メタレベルからの考察が行われる。形而上学が経験に基づかないということを理由にそれをしりぞけようとする(経験論的な)懐疑論者と、形而上学の任務を私たちの概念枠の記述とすることでそうした懐疑論を手なずけようとする(カント的)見方のどちらにも対抗する形で、本来意図されていたとおりの形而上学を擁護することがどこまでできるかが検討される。

次に、本書の全体的な特徴について何点か述べておこう。第一に挙げておきたいのは、本書に含まれる情報の、量と質の両面における充実ぶりだ。本書では、この少ない分量(原著で一〇〇頁強)のなかでよくぞと言いたくなるような手際のよさで、現代形而上学の中心的主題の大部分が、それぞれにおける主要な選択肢を含めて幅広く紹介されている。しかもその語り口は平明で、初学者にも接近しやすい。もちろん、各主題に関するより突っ込んだ議論はここで紹介される範囲を超えて現在も進行中だが、まずは現代形而上学の基本的な問題や対立軸をひととおりおさえておきたいという読者は、本書によってその希望をかなりの程度かなえられるだろう。なお近年、日本語で読める形而上学の全般的な入門書も増えてきたので(巻末の読書案内を参照)かんたんに比較しておくと、本書の内容はそれらと部分的に重なりながらも、創発(第3章)、否定的存在者(第9章)、形而上学と科学(第10章)など、他にはない重要な話題も含んでいる。逆に、それらに含まれるが本書には含まれない話題(自由意志、物体の構成、虚構的対象、神など)もあるので、本書を読んで興味をもった人はそれらの他書もあわせて読むことで、形而上学の世界をより深く広く知ることができるだろう。

第二に、本書は現代の形而上学書としてはかなり頻繁に、しかもたんなる話のついで以上の仕方で、過去の哲学者たちの見解に言及している(プラトン、アリストテレス、デカルト、ロック、ヒューム、カント、ラッセル、ウィトゲンシュタインなど)。この点は、哲学史に関心のある読者にも現代形而上学を身近に感じさせる工夫として評価できると同時に、次のような点に改めて注意を促すものとしても重要だと思う。一般に、現代形而上学は非歴史的な探究だと思われがちだが、実際は決してそうではない。むしろ、アリストテレス的性質論にしろヒューム的因果論にしろ、現在有力な選択肢とみなされている理論の多くは、過去の哲学者にその着想を負っている。哲学史的背景への目配りをまじえて進む本書の議論は、現代形而上学がもつこうした側面をよく示すものになっていると言える。

第三に、本書の各章の議論に見られる優れたバランス感覚についても触れておきたい。本書では、問題への導入、主要な立場それぞれについての動機づけと批判的考察、著者自身の見解、といった要素がバランスよく配置されながら、論じきれない重要な問いはオープンな形で明示されている。また難解な印象を与えがちな専門用語も、自然かつ適切な仕方で少しずつ導入されている。そのため本書によって、概説的な知識を得ることと自ら哲学するきっかけをつかむことが、一冊で同時にできるようになっている。たとえば、大学の半期の授業(一五回程度)の教科書として使う場合なら、二―三回の授業で一章を消化するくらいのペースで、そのつどの章の内容理解を確認するミニレポートを課したり、著者の見解を吟味するためのディスカッションを取り入れたり、といったいろいろな仕方で、本書に含まれる要素は柔軟に役立ててもらえると思う。

以上を総合するに、本書は現代形而上学への最初の一冊として、あるいはその全体像を比較的手軽に把握するための書として、幅広い層の読者にお勧めである。

本書の方法論的な立ち位置

解説の最後に、本書の議論を導いている全体的な方法論について、そのなかでは触れられていない背景をふまえながら若干の補足をしておきたい。本書の各章でマンフォードが行う議論は、最初のいくつかの章を読めばわかるように、おおむね次のようなステップからなるものとしてまとめられる。(1)実在世界がもつなんらかの一般的な特徴に着目する、(2)その特徴を説明するための仮説としていくつかの候補理論を挙げる、(3)それらの理論を、科学理論などの評価にも用いられるいくつかの基準(単純性、整合性、常識との合致、場当たり的でなさ、など)によって評価する、(4)その評価によって割り出した利点と難点のバランスを考慮することで、それぞれの理論が世界のあり方を正確に捉えている(真である)見込みがどれだけ高いかを見積もる。

以上のような議論の手続きは、たしかに現代形而上学の標準的な方法だと言える。つまり大半の形而上学者は、多かれ少なかれこれに沿った仕方でそれぞれの主題について探究を行っている。しかし、多くの形而上学者が現にしたがっているからといって、右のような探究方法の正当性が保証されるわけでは必ずしもないし、ましてやそれが形而上学の唯一可能な方法であることにもならない。実際、近年の形而上学における一つの注目すべき動向は、形而上学的探究そのものについてのメタレベルからの考察が進み――それらは今や「メタ形而上学」ないし「メタ存在論」という分野に成長している――、形而上学の従来の探究方法に対してさまざまな角度から批判的吟味がなされるようになったことである。このなかには多様な論点が含まれ、ここでそれらを逐一紹介する余裕はないが、本書の第10章で論じられている「形而上学と科学」という論点については、以下で少々補足しておきたい(cf. T. Tahko, *An Introduction to Metametaphysics*, Cambridge University Press, 2015, ch. 9)。

この点についてのマンフォードの立場は、ひとことで言えば、形而上学は科学に対して、一定の連続性とともに一定の自律性をもつ、という比較的穏当なものだ。彼によると、まず形而上学は、科学と同様の方法的手続きや理論評価の基準を採用し、科学との調和が求められるという点でそれと連続している。しかし同時に形而上学は、科学よりも抽象的で一般的な(右で用いた言い方をすれば「形式的」な)観点から世界のあり方を探究するという点で科学から一定の自律性をもつ。こうしたマンフォードの立場は再び、多くの形而上学者がとっている標準的なものだと言える。だが本書では触れられていないものの、実のところこの立場に対しては、それを両側からはさむ形で、次のような二つのより過激な立場も存在する。

まず一方で、形而上学は科学との関係の仕方を見直し、従来の探究方法を根本的に改めるべきだという「左派」的な立場がある。マンフォードは形而上学と科学のあいだに一定の連続性を認めていたが、この左派的立場によるとそれは生ぬるい。むしろ形而上学は、科学に従属したものとしての地位をすすんで受けいれ、自らの存在意義を、科学に基づく統一的な世界理解に貢献することのみに求めるべきなのである。形而上学を科学の「しもべ」と捉えるこうした立場によれば、形而上学は科学の下働きをするにすぎないのだから、従来行われてきた形而上学のうち、科学的な世界理解の進展に貢献しないような多くの探究、たとえば性質や物体の構成についての探究などは、意義のないものとして切り捨てられるべきである(こうした立場の代表としては、J. Ladyman and D. Ross, *Every Thing Must Go: Metaphysics Naturalized*, Oxford University Press, 2007 を参照)。

他方では、マンフォードよりも強硬な仕方で、伝統的な形而上学の正当性やその科学からの自律性を主張する「右派」的な立場がある。こうした立場に立つある論者によると、形而上学を科学に近づけることによってその信用を増そうとするのは、たんなる悪しき科学主義、形而上学の「にせの友」にすぎない。形而上学は本来、科学とは異なる主題領域、科学とは異なる方法をもった独自の探究分野として捉えられるべきである。世界が現にどうあるかを探究する科学とは違って、形而上学の本来の探究主題は、世界がどのようでありうるか(形而上学的可能性)である。こうした可能性の把握は、世界について科学が与えるさまざまな経験的知見を統合的に解釈するための前提をなすものであり、その意味でそれらに先立つ。そしてこうした可能性は、科学の方法とは本質的に異なる仕方でわれわれに把握される(こうした見解を強く打ち出すものとして、E. J. Lowe, 'The Rationality of Metaphysics', *Synthese* 178: 99–109 を参照)。

以上のように、科学との関係という点に限っても、形而上学の従来の探究方法(本書で実践されているもの)に対しては真剣に考慮すべき異論がある。この点を含め、形而上学の方法がどうあるべきか(あるいはそもそも現にどうあるのか)という問題は、今後も継続的に議論されていくことだろう。

最後に、本書が出版にこぎつけるまでにお世話になった方々に感謝を述べておきたい。まず、岩波書店の押田連さんには、企画の当初から相談に乗っていただき、ここに至るまでのすべての工程で多大なお力添えをいただいた。いつも作業の遅れがちな訳者たちを辛抱強く励まし、丁寧な編集作業によって助けてくれた押田さんなしには、本書が日の目を見ることはなかっただろう。記して感謝する。また、京都大学の森田紘平さん、ミネソタ大学の吉田善哉さん、千葉大学の内山直樹さんには、訳者たちが自信のなかった部分について専門家の見地から貴重なアドバイスをいただいた。もちろんなにか誤りが残っていればそれはすべて訳者たちの責任だが、快く相談に応じてくれたお三方にも厚く感謝する。なお本書の訳出にあたっては、最初に訳者二人で分担して作った草稿を叩き台に、相互に修正と調整を重ねて最終的な訳文とした。

哲学がわかる 因果性
スティーヴン・マンフォード、ラニ・リル・アンユム／塩野直之、谷川卓訳
四六判一九四頁
定価一九八〇円

哲学がわかる 自由意志
トーマス・ピンク／戸田剛文、豊川祥隆、西内亮平訳
四六判一九六頁
定価一八七〇円

哲学がわかる 科学哲学 新版
サミール・オカーシャ／直江清隆、廣瀬覚訳
四六判二〇六頁
定価二二〇〇円

〈1冊でわかる〉シリーズ
意識
スーザン・ブラックモア／信原幸弘、筒井晴香、西堤優訳
B6判二〇六頁
定価二三一〇円

現代哲学のキーコンセプト 確率
ダレル・P・ロウボトム／一ノ瀬正樹訳
解説／佐竹佑介訳
A5判二二二頁
定価二六四〇円

現代哲学のキーコンセプト 非合理性
リサ・ボルトロッティ／一ノ瀬正樹訳
解説／鴻浩介訳
A5判二一四頁
定価二六四〇円

スティーヴン・マンフォード Stephen Mumford
ダラム大学教授．リーズ大学で博士号取得．形而上学，心の哲学から，最近はスポーツの哲学も研究している．著書に *Laws in Nature* (Routledge)，*Dispositions* (Oxford University Press)，*Causation: A Very Short Introduction* (Oxford University Press, with Rani Lill Anjum)〔『哲学がわかる　因果性』〕など．

秋葉剛史
千葉大学文学部准教授．現代形而上学，現代倫理学，初期現象学．著書に『真理から存在へ：〈真にするもの〉の形而上学』『ワードマップ　現代形而上学』(共著)など，訳書に，デイヴィッド・M. アームストロング『現代普遍論争入門』など．

北村直彰
島根大学法文学部講師．現代形而上学．訳書に，トゥオマス・E. タフコ編著『アリストテレス的現代形而上学』(共訳)．

哲学がわかる 形而上学　スティーヴン・マンフォード

2017年12月14日　第1刷発行
2024年 7 月25日　第5刷発行

訳　者　秋《あき》葉《ば》剛《たけ》史《し》　北《きた》村《むら》直《なお》彰《あき》

発行者　坂本政謙

発行所　株式会社 岩波書店
〒101-8002 東京都千代田区一ツ橋 2-5-5
電話案内 03-5210-4000
https://www.iwanami.co.jp/

印刷・三秀舎　カバー・半七印刷　製本・松岳社

ISBN 978-4-00-061240-1　　Printed in Japan

索　引

ア 行

アームストロング(D. Armstrong)　137
集まり(collections)　008, 010, 064, 067
穴(holes)　143, 144
余すところなく現れている(wholly present)　019, 020, 061
アリストテレス(Aristotle)　030–034, 056, 059, 061, 067, 085, 100, 101, 135, 165, 177
意識(consciousness)　044, 045, 108, 117, 155
位置(position)　008, 009, 012–014, 112–114, 116
イデア(Forms)　023–025, 028, 034
因果(causation)　064, 069–086, 174, 176
　一般的・個別的――(general and particular ――)　082, 083
　心身の相互作用(mind-body interaction)　115–117
　不在による――(―― by absence)　148–151
ウィトゲンシュタイン(L. Wittgenstein)　111, 124
永久主義(eternalism)　101, 102, 140
延続(perdurance)　062–067
延長(extension)　112, 113

カ 行

科学(science)　047, 078, 162–164, 168, 170–175
確定可能(determinable)な性質　058
確定的(determinate)な性質　058
可能性(possibility)　078, 125–141, 173
　→「可能世界」の項目も見よ.
可能世界(possible worlds)　078, 081, 129–135, 140
　具体的なものとしての――(concrete ――)　131, 132
　抽象的なものとしての――(abstract ――)　132
関係(relations)　012–014, 020, 024, 025, 027, 028, 055, 062, 064, 065, 099, 100, 102, 103, 118
還元主義(reductionism)　044, 045, 047, 049
観察(observation)　004, 037, 073, 163–165, 170–172, 174, 175
カント(I. Kant)　166, 167
観念論(idealism)　114
記憶(memory)　109, 110, 122–124
規則性(regularity)　076, 081, 086
基体(substrata)　004–006, 009, 010, 164
帰謬法(reductio ad absurdum)　169

空間(space)　012, 013, 024, 060, 090, 102, 112–114, 131
組み合わせ説(combinatorialism)　136–140
現在主義(presentism)　093–096
原子論(atomism)　037, 038
行為(action)　072, 108, 117, 130
——主体(agents)　108
心(minds)　044, 107, 111, 112, 114–117
固性(solidity)　113, 116
個別者(particulars)　001–019

サ 行

差異法(method of difference)　079
サルトル(J.-P. Sartre)　157
時間(time)　024, 060, 087–105, 113, 131
——の流れ(flow of ——)　088, 091, 098, 099, 103
——の向き(direction of ——)　088, 091
思考(thought)　108, 114, 115, 156
事実(facts)　053, 154
否定的——(negative ——)　152, 154, 158
自然法則(laws of nature)　139, 163
実体(substances)　042, 109, 112–117
真にするもの(truthmakers)　152, 156, 158
推論(reasoning)　168, 170
性質(properties)　001–034, 057, 058, 060–063, 136–140, 154
関係的——(relational ——)　012, 013
個別例(instances)　014, 015, 019–022, 025, 032
時間的——(temporal ——)　090–093, 097–099
束説(bundle view)　007–015, 025
内属的実在論(immanent realism)　030, 033, 034
否定的——(negative ——)　145–148
普遍者(universals)　020, 025, 027, 028
プラトニズム(Platonism)　022–025, 030, 032
生命(life)　044, 047
先行性(priority)　049
全体(wholes)　035–050, 054, 059, 061, 066, 067
全体論(holism)　049
相対性理論(theory of relativity)　094–096, 104, 105, 172
創発(emergence)　044, 046, 047, 117
——主義(emergentism)　045, 046, 049
ソクラテス(Socrates)　161

タ 行

対応者(counterparts)　130, 134, 135
対称性(symmetry)　013, 014, 130
耐続(endurance)　059–064, 066, 067
「代用」実在論('ersatz' realism)　132, 133
多にわたる一(One through Many)　017, 019, 028, 146, 147
魂(souls)　067, 107, 111, 112, 124

単純(simple)なもの　036, 037, 046
単称主義(singularism)　081, 082
知識(knowledge)　045, 046, 074, 138, 165
デカルト(R. Descartes)　111, 112, 114
出来事(events)　052–055, 057, 087–105, 149, 150
ドウ(P. Dowe)　149
同一性(identity)　003, 016, 042, 055
質的——(qualitative ——)　003, 016
数的——(numerical ——)　003, 008, 016, 042, 055, 059, 118
人の——(personal ——)　109, 110, 118–124
同時性(simultaneity)　095, 098, 099, 104, 105
道徳(morality)　108
トロープ(tropes)　029

ナ 行

二元論(dualism)　114–117

ハ 行

反事実的依存(counterfactual dependence)　080
必然化(necessitation)　084, 085
ヒューム(D. Hume)　073–079, 081–086, 165, 166
費用対効果分析(cost-benefit analysis)　174
非両立性(incompatibility)　061, 062, 147, 148, 153
不可入性(impenetrability)　113
複合的(complex)なもの　035–037, 044
不在(absences)　143, 144, 157　→「不在による因果」の項目も見よ.
物質(matter)　007, 067, 112–114
部分(parts)　035–050, 054, 059–067
空間的——(spatial ——)　060, 061
時間的——(temporal ——)　060–067
プラトン(Plato)　021–024, 028, 030, 034, 100, 101, 135, 176
プロセス(processes)　052–056, 058, 066, 067
ブロック宇宙(block universe)　097, 098, 102
変化(change)　003, 004, 007, 008, 042, 051–067, 070, 071, 087, 100, 101, 109, 110

マ 行

ミル(J. S. Mill)　079, 086
無限後退(infinite regress)　025, 028

ヤ 行

唯物論(materialism)　114, 117
唯名論(nominalism)　026–028, 030
寄せ集め(aggregates)　039, 041, 042, 044, 075
予測可能性(predictability)　045, 072

ラ 行

ラッセル(B. Russell)　152–154
ランダム化比較試験(randomised controlled trials)　083

読書案内

本書は，形而上学という学問分野について知るために読む，まさしく最初の本となることを意図して書いたものである．もし本書を読んで形而上学への興味が深まっているとすれば，次はなにを読んでみるべきだろうか．哲学の文献の多くは専門的であり，気軽にそれらに挑戦するのは避けたほうがよい．そのことをふまえて私がお勧めするのは，本書からそうした専門的な文献へ至るまでの中間のステップとして，本書よりも分量が多く議論の密度も高いような入門書のいくつかへ進むことである．以下に挙げる本はいずれも，本書の次に手に取るのにふさわしいものだ．

John Carroll and Ned Markosian, *An Introduction to Metaphysics*, Cambridge University Press, 2010.

Michael Jubien, *Contemporary Metaphysics: An Introduction*, Wiley-Blackwell, 1997.

Michael J. Loux, *Metaphysics: A Contemporary Introduction*, Routledge, 2006.

Jonathan Tallant, *Metaphysics: An Introduction*, Bloomsbury Academic, 2011.

また，本書の各章で主題的に扱ったトピックを詳しく論じた本もたくさんある．ここでは，それらのうちとくにお勧めできるものをほんの少しだけ挙げておく(もっとも，これらは入門レベルの範囲を超えているのだが)．〔訳者注：扱われているトピックによってそれらを分類したうえで，本書の章立ての順番および著者名のアルファベット順にしたがって並べ替えた．また，括弧内は，本書の後に出版された関連書籍として訳者が追加したものである．〕

性質とはなにか

David Armstrong, *Nominalism and Realism: Universals and Scientific Realism, Volume I*, Cambridge University Press, 1978.

David Armstrong, *A Theory of Universals: Universals and Scientific Realism, Volume II*, Cambridge University Press, 1978.

部分と全体はどのような関係にあるのか，部分の総和には尽きない全体とはなにか

Joshua Hoffman and Gary S. Rosenkrantz, *Substance: Its Nature and Existence*, Routledge, 1997.

〔Giorgio Lando, *Mereology: A Philosophical Introduction*, Bloomsbury Academic, 2017.〕

出来事とはなにか，物体が時間を通じて持続するとはどういうことか

Katherine Hawley, *How Things Persist*, Oxford University Press, 2001.

Lawrence Lombard, *Events: A Metaphysical Study*, Routledge, 1986.

因果とはなにか

Phil Dowe, *Physical Causation*, Cambridge University Press, 2000.

Stephen Mumford and Rani Lill Anjum, *Getting Causes from Powers*, Oxford University Press, 2011.

〔L. A. Paul and Ned Hall, *Causation: A User's Guide*, Oxford University Press, 2013.〕

時間とはなにか

Robin Le Poidevin, *Travels in Four Dimensions*, Oxford University Press, 2003.

人とはなにか

Kathleen Wilkes, *Real People: Personal Identity without Thought Experiments*, Oxford University Press, 1993.

可能性とはなにか

Joseph Melia, *Modality*, McGill-Queen's University Press, 2003.

無は存在するのか

〔Carolina Sartorio, *Causation and Free Will*, Oxford University Press, 2016.〕

形而上学とはなにか

〔Jiri Benovsky, *Meta-metaphysics: On Metaphysical Equivalence, Primitiveness, and Theory Choice*, Springer, 2016.〕

〔Tuomas E. Tahko, *An Introduction to Metametaphysics,* Cambridge University Press, 2015.〕

本書と共通の多くのトピックが詳しく論じられたもの

E. J. Lowe, *The Possibility of Metaphysics,* Oxford University Press, 1998.
E. J. Lowe, *A Survey of Metaphysics,* Oxford University Press, 2002.
Robin Le Poidevin, Peter Simons, Andrew McGonigal, and Ross Cameron (eds.), *The Routledge Companion to Metaphysics*, Routledge, 2009.

日本の読者のための読書案内

現代形而上学・現代存在論の入門書

近年，日本語で読める現代形而上学の入門書が数多く出版されている．全般的な入門書としては，本邦訳書の他に

(1) アール・コニー，セオドア・サイダー(著)，小山虎(訳)『形而上学レッスン：存在・時間・自由をめぐる哲学ガイド』春秋社，2009年

(2) 鈴木生郎，秋葉剛史，谷川卓，倉田剛『ワードマップ 現代形而上学：分析哲学が問う，人・因果・存在の謎』新曜社，2014年

がある．また，

(3) 倉田剛『現代存在論講義I：ファンダメンタルズ』新曜社，2017年

(4) 倉田剛『現代存在論講義II：物質的対象・種・虚構』新曜社，2017年

は，形而上学のうちでもとくに存在論(「なにがあるのか」という問い)に焦点をあてて書かれた入門書である．さらに，これらの後に読むべき中級レベルの入門書として，次が挙げられる．

(5) 柏端達也『現代形而上学入門』勁草書房，2017年

分析哲学の入門書・論文集

本書，および上に挙げた他の入門書はいずれも，さまざまな形而上学的問題に「分析哲学」と呼ばれるスタイルで取り組んだものである(そのため，それらの探究は「分析形而上学」とも表現される)．分析哲学の本質はなにか，というのは実のところ難しい問いである――ひょっとしたら実質的な答えをもたないかもしれない――が，哲学的な問題に「分析哲学」的なアプローチで取り組むとはどういうことなのかは，以下の入門書が明確に教えてくれる．

(6) 青山拓央『分析哲学講義』筑摩書房，2012年

(7) 八木沢敬『分析哲学入門』講談社，2011年

(8) 八木沢敬『意味・真理・存在：分析哲学入門・中級編』講談社，2013年

(9) 八木沢敬『神から可能世界へ：分析哲学入門・上級編』講談社，2014年

いずれも，分析哲学のアプローチを具体的な哲学的問題に即して説明しており，形而上学の諸問題も主題的に扱っている(ちなみに(6)は，(7)-(9)に比べて歴史的な視点からの解説を多く含んでいる)．さらに，分析哲学の各問題領域の最前線に位置する刺激的な論文を集めたものとして，次が挙げられる．

(10)『現代思想 総特集＝分析哲学』(2017 年 12 月臨時増刊号)，青土社，2017 年

各章の内容に関連する書籍・論文

以下では，本書の各章で主題的に扱われたトピックに関連する邦語文献のうち，議論の内容の点でとりわけ関連性の高いと思われるものに絞って紹介する．上記の入門書(2)-(4)に付された読書案内もぜひ参照していただきたい(なお，各章の本文および訳注で言及された古典的著作はいずれも複数の邦訳が出版されているが，紙幅の都合上，ここでそれらを列挙することができないことをお断りしておく)．

第 1 章　机とはなにか(個別者の問題)

(11) ピーター・サイモンズ「個別の衣をまとった個別者たち」柏端達也，青山拓央，谷川卓(編訳)『現代形而上学論文集』所収，勁草書房，2006 年

(12) 佐藤徹郎「「もの」と性質：基体概念をめぐって(個体の問題)」哲学会(編)『哲学雑誌』95 巻 767 号所収，1980 年

(13) 三上真司『もの・言葉・思考：形而上学と論理』東信堂，2007 年

第 2 章　円とはなにか(性質の問題)

(14) デイヴィッド・M. アームストロング(著)，秋葉剛史(訳)『現代普遍論争入門』春秋社，2013 年

(15) バートランド・ラッセル(著)，高村夏輝(訳)『哲学入門』第 9・10 章，筑摩書房，2005 年

(16) デイヴィド・ルイス「普遍者の理論のための新しい仕事」柏端達也，青山拓央，谷川卓(編訳)『現代形而上学論文集』所収，勁草書房，2006 年

第３章　全体は部分の総和にすぎないのか
（部分－全体関係の問題，物理主義・創発主義の問題）

(17) 金杉武司『心の哲学入門』勁草書房，2007 年
(18) 齋藤暢人「形式的存在論と環境の形而上学」河野哲也，染谷昌義，齋藤暢人(編著)『環境のオントロジー』所収，春秋社，2008 年
(19) 信原幸弘『心の現代哲学』勁草書房，1999 年
(20) 信原幸弘(編)『シリーズ 心の哲学Ⅰ：人間篇』勁草書房，2004 年
(21) 信原幸弘(編)『ワードマップ 心の哲学：新時代の心の科学をめぐる哲学の問い』新曜社，2017 年
(22) 信原幸弘・太田紘史(編)『シリーズ 新・心の哲学Ⅱ：意識篇』勁草書房，2014 年
(23) デイヴィッド・J. チャーマーズ(著)，林一(訳)『意識する心：脳と精神の根本理論を求めて』白揚社，2001 年
(24) デイヴィッド・J. チャーマーズ(著)，太田紘史，源河亨，佐金武，佐藤亮司，前田高弘，山口尚(訳)『意識の諸相(上)』春秋社，2016 年
(25) 松田毅(編著)『部分と全体の哲学：歴史と現在』春秋社，2014 年
(26) 松本俊吉(編著)『進化論はなぜ哲学の問題になるのか：生物学の哲学の現在』勁草書房，2010 年
(27) 森元良太，田中泉吏『生物学の哲学入門』勁草書房，2016 年

第４章　変化とはなにか(物体の持続の問題)

(28) セオドア・サイダー(著)，中山康雄(監訳)，小山虎，齋藤暢人，鈴木生郎(訳)『四次元主義の哲学：持続と時間の存在論』春秋社，2007 年

第５章　原因とはなにか(因果性の問題)

(29) 一ノ瀬正樹『原因と結果の迷宮』勁草書房，2001 年
(30) 柏端達也『行為と出来事の存在論：デイヴィドソン的視点から』勁草書房，1997 年
(31) 柏端達也「形而上学の現代的位相：出来事と因果」『岩波講座哲学 2：形而上学の現在』所収，岩波書店，2008 年
(32) ドナルド・デイヴィドソン(著)，服部裕幸，柴田正良(訳)『行為と出来事』勁草書房，1990 年
(33) Judea Pearl(著)，黒木学(訳)『統計的因果推論：モデル・推論・推測』共立出版，2009 年

(34) スティーヴン・マンフォード，ラニ・リル・アンユム(著)，塩野直之，谷川卓(訳)『哲学がわかる 因果性』岩波書店，2017 年

第 6 章　時間はどのように過ぎ去るのか
(時間の流れの問題，時間における存在論の問題)

(35) 伊佐敷隆弘『時間様相の形而上学：現在・過去・未来とは何か』勁草書房，2010 年

(36) 入不二基義『時間は実在するか』講談社，2002 年

(37) 植村恒一郎『時間の本性』勁草書房，2002 年

(38) 内井惣七『アインシュタインの思考をたどる：時空の哲学入門』ミネルヴァ書房，2004 年

(39) 佐金武『時間にとって十全なこの世界：現在主義の哲学とその可能性』勁草書房，2015 年

(40) 中山康雄『時間論の構築』勁草書房，2003 年

(41) ロビン・レ・ペドヴィン(著)，植村恒一郎，島田協子(訳)『時間と空間をめぐる 12 の謎』岩波書店，2012 年

(42) ジョン・エリス・マクタガート(著)，永井均(訳)『時間の非実在性』講談社，2017 年

(43) トレントン・メリックス「耐時的存在者と永存的存在者の両立不可能性」柏端達也，青山拓央，谷川卓(編訳)『現代形而上学論文集』所収，勁草書房，2006 年

第 7 章　人とはなにか(人の通時的同一性の問題，心身問題)

(44) 太田雅子『心のありか：心身問題の哲学入門』勁草書房，2010 年

(45) シドニー・シューメーカー(著)，菅豊彦，浜渦辰二(訳)『自己知と自己同一性』勁草書房，1989 年

(46) シドニー・シューメイカー，リチャード・スウィンバーン(著)，寺中平治(訳)『人格の同一性』産業図書，1986 年

(47) デレク・パーフィット(著)，森村進(訳)『理由と人格：非人格性の倫理へ』勁草書房，1998 年

(48) スティーブン・プリースト(著)，河野哲也，安藤道夫，木原弘行，真船えり，室田憲司(訳)『心と身体の哲学』勁草書房，1999 年

第８章　可能性とはなにか(様相の問題)

(49) 飯田隆『言語哲学大全 III：意味と様相(下)』勁草書房，1995 年
(50) ソール・A. クリプキ(著)，八木沢敬，野家啓一(訳)『名指しと必然性：様相の形而上学と心身問題』産業図書，1985 年
(51) 三浦俊彦『可能世界の哲学：「存在」と「自己」を考える』(改訂版)，二見書房，2017 年
(52) デイヴィッド・ルイス(著)，吉満昭宏(訳)『反事実的条件法』勁草書房，2007 年
(53) デイヴィッド・ルイス(著)，出口康夫(監訳)，山口尚，佐金武，小山虎，海田大輔(訳)『世界の複数性について』名古屋大学出版会，2016 年

第９章　無は存在するのか(否定的な事物の問題)

(54) 加地大介『穴と境界：存在論的探究』春秋社，2008 年

第 10 章　形而上学とはなにか(メタ形而上学の問題)

(55) トゥオマス・E. タフコ(編著)，加地大介，鈴木生郎，秋葉剛史，谷川卓，植村玄輝，北村直彰(訳)『アリストテレス的現代形而上学』春秋社，2015 年

(北村直彰)